本书获甘肃省教育厅产业支撑计划项目（2021CYZC-28）资助

西北红层泥岩地区高速铁路无砟轨道路基上拱机制研究

RESEARCH ON THE ARCH MECHANISM OF
BALLASTLESS TRACK SUBGRADE ON HIGH-SPEED RAILWAY
IN THE NORTHWEST RED MUDSTONE AREA

薛彦瑾　余云燕　马丽娜　著

人民交通出版社
北京

内 容 提 要

本书共7章，以实际工程为背景，采用室内试验、原位试验、理论分析的方法，系统研究了红层泥岩微观结构、膨胀性定量评定、膨胀变形、非饱和渗透系数，揭示了红层泥岩膨胀变形机理，探讨了红层泥岩地区高速铁路无砟轨道路基的上拱机制，可为此类科学及工程问题的解决提供理论参考。

本书可作为高等院校岩土工程、岩石力学、地质工程等专业研究生的教学参考书，也可供相关专业教师、工程技术人员、研究生及高年级本科生阅读参考。

图书在版编目(CIP)数据

西北红层泥岩地区高速铁路无砟轨道路基上拱机制研究 / 薛彦瑾, 余云燕, 马丽娜著. — 北京：人民交通出版社股份有限公司, 2024. 12. — ISBN 978-7-114-20061-8

Ⅰ.U213.1

中国国家版本馆 CIP 数据核字第 2025KM4912 号

Xibei Hongceng Niyan Diqu Gaosu Tielu Wuzha Guidao Luji Shanggong Jizhi Yanjiu

书　　名	西北红层泥岩地区高速铁路无砟轨道路基上拱机制研究
著　作　者	薛彦瑾　余云燕　马丽娜
责任编辑	姚　旭
责任校对	龙　雪
责任印制	张　凯
出版发行	人民交通出版社
地　　址	(100011)北京市朝阳区安定门外外馆斜街3号
网　　址	http://www.ccpcl.com.cn
销售电话	(010)85285857
总　经　销	人民交通出版社发行部
经　　销	各地新华书店
印　　刷	北京建宏印刷有限公司
开　　本	787×1092　1/16
印　　张	7.5
字　　数	156千
版　　次	2025年1月　第1版
印　　次	2025年1月　第1次印刷
书　　号	ISBN 978-7-114-20061-8
定　　价	68.00元

(有印刷、装订质量问题的图书,由本社负责调换)

前　言

红层泥岩是一种分布广泛、性质特殊的易灾地层。随着我国"一带一路"倡议的实施及"交通强国"战略的引导,红层泥岩地区的高速铁路建设规模日益增大。为保证线路平顺性,在高速铁路建设过程中不可避免深挖高填,其不仅对红层泥岩产生了强烈的扰动,而且破坏了浅、表层水分的渗流通道,导致该地区高速铁路无砟轨道路基上拱病害日益凸显。因此,亟须开展红层泥岩地区高速铁路无砟轨道路基上拱机制研究。

本书以西北红层泥岩地区某高速铁路路基上拱变形为背景,采用室内试验、现场试验、理论分析等方法,系统研究了红层泥岩的微观结构、微膨胀性定量评定、膨胀变形影响规律以及非饱和渗透系数,阐明了红层泥岩的微膨胀变形机理,量化了红层泥岩的膨胀变形量与含水率、干密度和上覆荷载之间的关系,提出红层泥岩的非饱和渗透系数预测模型。在此基础上,通过红层泥岩地基现场原位试验,进一步揭示了高速铁路无砟轨道路基的上拱变形机制,为此类工程问题的解决提供理论支撑。

本书共7章。第1章主要介绍红层泥岩灾变概况及研究现状,提出了红层泥岩地区高速铁路路基上拱机制研究的重要性和必要性。第2章主要介绍不同膨胀潜势红层泥岩浸水前后微观结构的演变规律,为红层泥岩微膨胀变形研究提供理论基础。第3章主要介绍红层泥岩微膨胀潜势的量化评定方法,提出了红层泥岩弱膨胀潜势的分级标准。第4章主要介绍红层泥岩的膨胀变形量与吸水率、上覆荷载、干密度和厚度之间的关系,明晰了红层泥岩的微膨胀变形机理。第5章主要介绍红层泥岩非饱和渗透系数的测试方法和影响因素,建立了重塑泥岩非饱和渗透系数预测模型。第6章主要介绍红层泥岩地基膨胀变形的原位试验,通过原位试验获得了泥岩地基的渗透特性和整体膨胀变形规律,并探讨了红层泥岩地区高速铁路无砟轨道路基的上拱机制。第7章对前面的研究内容进行了系统总结,并对红层泥岩地区高速铁路无砟轨道路基上拱机制的未来研究进行了一定展望。

本书的成果来源于团队成员近年来主持和参与完成的一系列科研项目,包括"甘肃省教育厅产业支撑计划项目"(2021CYZC-28)、"中国铁路总公司科技研究开发重点课题"(Z2015-G001)、"甘肃省自然科学基金项目"(21JR7RA332)(22JR11RA161)、"兰州市青年科技人才创新项目"(2023-QN-50)等。在本书出版之际，对在项目研究中给予指导和帮助的兰州交通大学土木工程学院王起才教授、张戎令教授及参与项目的已毕业硕士研究生王冲、崔晓宁、王炳忠、李进前、张唐瑜、李佳敏等表示衷心感谢。在读博士研究生丁小刚参加了本书的部分编排工作，在此表示感谢！同时，还要感谢对项目开展提供支持的乌鲁木齐铁路局、甘肃省交通规划勘察设计院股份有限公司等单位。希望本书的出版能够起到抛砖引玉的作用，为促进红层泥岩地区高速铁路的发展和进步贡献微薄之力。

由于红层泥岩地区高速铁路无砟轨道路基上拱机制研究尚处于探索阶段，且限于作者的水平，书中难免有不足之处，恳请同行专家批评指正！

薛彦瑾　余云燕　马丽娜
2024 年 11 月于兰州

目 录

1 绪论 ··· 1
   1.1 红层泥岩灾变概况 ··· 1
   1.2 研究目的及意义 ··· 1
   1.3 国内外研究现状 ··· 2
   本章参考文献 ·· 6

2 红层泥岩微观结构 ·· 13
   2.1 试验原材料 ··· 13
   2.2 核磁共振试验结果分析 ··· 14
   2.3 扫描电子显微镜试验结果分析 ·· 19
   2.4 压汞试验结果分析 ·· 23
   本章参考文献 ·· 25

3 红层泥岩膨胀性定量评定 ·· 27
   3.1 泥岩膨胀性判定 ··· 27
   3.2 泥岩膨胀等级分类 ·· 30
   3.3 泥岩膨胀性定量评定模型及验证 ······································· 34
   本章参考文献 ·· 42

4 红层泥岩膨胀变形室内试验研究 ··· 44
   4.1 原状泥岩膨胀变形试验 ·· 44
   4.2 重塑泥岩环刀样膨胀变形试验 ··· 50
   4.3 重塑泥岩大尺寸样膨胀变形试验 ······································ 58
   4.4 重塑泥岩室内模型试验 ·· 61
   本章参考文献 ·· 65

5 红层泥岩非饱和渗透系数室内试验研究 ································· 67
   5.1 重塑泥岩土-水特征曲线试验 ·· 67
   5.2 重塑泥岩非饱和渗透系数试验 ·· 72

  5.3 重塑泥岩非饱和渗透系数影响因素分析 ··81
  本章参考文献 ··86

6 红层泥岩地基膨胀变形原位试验及红层泥岩高速铁路无砟轨道路基上拱机制 ········88
  6.1 试验方案设计 ··88
  6.2 试验结果与讨论 ···95
  6.3 红层泥岩地区高速铁路无砟轨道路堤上拱机制 ······································105
  6.4 红层泥岩地区高速铁路无砟轨道路堑上拱机制 ······································108
  本章参考文献 ··109

7 结论与展望 ··110
  7.1 结论 ··110
  7.2 展望 ··111

1 绪　　论

1.1　红层泥岩灾变概况

红层是岩石圈表层分布最广、厚度最大的沉积地层之一,也是与人类生产生活、工程建造、资源开采等密切相关的标志性地层。红层主要以中新生代陆相沉积的红色砾岩、砂岩、泥岩及其风化物等为主。我国约90%的红层集中分布在西北高原、西南山地和东南盆地地区[1],而这些区域正是我国地质灾害/工程病害集中和生态环境脆弱的区域之一。而坐落于红层之中的高坝大库、长大隧道、大跨结构、超高建筑、高速铁路等重大工程也面临着工程灾变风险。因此,红层泥岩灾变防控的基础研究是上述国家重大工程实施的重要科技保障,需求迫切,刻不容缓[2]。

西北高原红层面积约为59.61万km^2,以埋藏型巨厚层泥岩或粉砂岩为主,埋深从黄河上游青海的几米到中游陕西的数百米不等[2]。红层泥岩具有水稳定性差、遇水膨胀等特点;同时,深挖高填、穿越切割等重大工程活动会对红层泥岩产生强烈扰动,恶劣的气候条件会加剧红层泥岩的劣化,加之西北地区地下水位动态变化显著,地下水易在红层泥岩中富集,使得红层泥岩极易产生灾变[3-4]。红层泥岩灾变会严重危害所在地区城镇与人居安全,严重影响西气东输、西电东送、兰新高速铁路、京新高速公路等重大基础设施建造与运维,严重制约"一带一路"倡议、"新时代推进西部大开发形成新格局"等的实施。

1.2　研究目的及意义

高速铁路的建设对经济、社会、交通运输、国防安全具有重大意义。《新时代交通强国铁路先行规划纲要》明确了中国铁路2035年及2050年的发展目标和主要任务。以"八纵八横"为主通道的高速铁路网和普速铁路网都将进一步优化和完善。到2035年,全国铁路网运营里程达到20万km左右,其中高速铁路7万km左右。20万人口以上城市实现铁路覆盖,50万人口以上城市高速铁路通达。截至2023年底,全国铁路营业里程达到15.9万km,其中高速铁路营业里程为4.5万km,居世界第一位。随着高速铁路的快速发展,无砟轨道在轨道交通领域逐渐普及,在无砟轨道长期投入使用过程中,各类难以预测和不可避免的路基病害问题逐渐显现[5],不仅严重影响高速铁路列车的安全运行,而且病害处治起来也较为困难。

西部某客运专线在建设及运营期,出现多处由地基膨胀引起的路基上拱异常情况,其中路基最大上拱量高达49mm,已远超《高速铁路设计规范》(TB 10621—2014)的4mm限值[6],而无砟轨道路基超限上拱现象在高速铁路建设领域极为罕见。为了运行安全,列车在路基上拱区域需限速行驶，且需对路基上拱较为严重区域进行整治，但上拱整治方法(切割支撑层混凝土、换填路基填料、拆除重建等)存在的通病是整治完成后一旦再发生路基上拱，整治难度将大大增大，且费用较高。目前，由地基膨胀而引起的无砟轨道上拱是高速铁路出现的一种新型路基病害类型。因此，为保证高速铁路运行安全，减少路基上拱病害发生，延长路基使用寿命，研究高速铁路无砟轨道路基上拱机制显得尤为重要。

针对西部某客运专线路基异常上拱情况，经现场会勘、专家研究、排查原因，分析上拱路基处的地质、水文情况，发现路基上拱处存在地下水，且地基中存在大量泥岩。依据《铁路工程特殊岩土勘察规程》(TB 10038—2022)中膨胀岩(土)膨胀潜势的评定方法[7]，该客运专线上拱路基处地基泥岩中的蒙脱石含量、自由膨胀率、阳离子交换量均低于规程要求的膨胀性限值，其中约有90%的泥岩样不具有膨胀性，约10%的泥岩样也仅具有弱膨胀性。而在变形量要求极为严格的高速铁路无砟轨道中，即使微小的上拱量也会对行车安全造成极大影响。因此，现有膨胀岩(土)判定标准对高速铁路无砟轨道路基已不再适用，需要提出高速铁路无砟轨道地基泥岩膨胀潜势评定的新方法。

地基泥岩具有弱膨胀性是西部某客运专线路基上拱的内在条件，水的入渗是引起地基泥岩膨胀的外在主要因素，而非饱和渗透系数是研究地基非饱和泥岩入渗规律的重要参数，其水力特性决定着地基泥岩的吸水膨胀特性，进而影响高速铁路路基上拱病害的形成与发育。目前，非饱和土体渗透系数的经验模型、宏观模型和统计模型对膨胀泥岩的适用性尚待探讨。因此，膨胀泥岩非饱和渗透系数预测新模型值得研究。

1.3 国内外研究现状

1.3.1 红层泥岩膨胀性评定研究现状

1)红层泥岩膨胀性评价指标

由于地质条件存在多样性，且不同工程对膨胀的敏感性不同，关于膨胀岩(土)膨胀性的评价指标有很多种，尚未完全统一。在实际评价过程中，对于膨胀岩(土)的膨胀性判别经常会出现"亦此亦彼"情况，增加了判定难度。

现有的膨胀性评价指标测试手段归纳起来可分为三类：一是用原状试样测定；二是用击实试样测定；三是用扰动试样测定。膨胀岩(土)膨胀性判别指标主要有两种：一种是直接指标，即用膨胀量、收缩量、膨胀力、有荷压力下膨胀率、无荷膨胀率作为评价指标[8-11]；另一种是间接指标，主要有自由膨胀率、液限、塑性指数、胀缩总率、小于0.002mm黏粒、天然含水率、标准吸湿含水率、塑限、比表面积、粉粒含量、蒙脱石含量、体缩率、残余内摩擦角、电阻率、阳离子交换量、小于0.005mm的黏粒、蒸汽吸附指数、孔径分布、大于0.05mm颗粒含量等[12-23]。陈善雄等[13]对现有膨胀土膨胀性判别与分类方法进行了总结，提出将液限、塑性指数、自由膨胀率、小于0.005mm颗粒含量和胀缩总率作为膨胀土膨胀性评价指标，并采用襄荆高速公路膨胀土进行了验证。《公路工程地质勘察规范》(JTG C20—2011)采用标准吸湿含水率和塑性指数对膨胀土膨胀性及膨胀等级进行了划分和判定，标准吸湿含水率是指在

25℃和60%湿度下,膨胀土试样吸水恒重后的含水率值[14]。查甫生等[17]提出将自由膨胀比作为膨胀土膨胀性评价指标,自由膨胀比是指试样在蒸馏水和煤油中沉积稳定后的体积之比,并进行了该指标与自由膨胀率、膨胀量、膨胀力与线缩率之间的相关性分析。龚壁卫等[18]提出将电导率作为膨胀土膨胀性评价指标,通过测试膨胀土泥浆的导电性,对其膨胀性强弱进行了分析,发现随着膨胀性增强,电导率增大,电导率与膨胀性呈正相关性。姚海林等[20]提出了膨胀土标准吸湿含水率试验方法。陈永艾等[21]针对不同地区和不同膨胀等级的膨胀土,提出用烘干土吸湿含水率反映土的膨胀性,该方法在一定程度上克服了自由膨胀率试验结果的缺陷。

2)红层泥岩膨胀等级评定方法

膨胀岩(土)膨胀等级评定方法主要分为三类。

一是采用单一指标进行膨胀等级评定,如采用界限含水率[24]、自由膨胀比[17]、电导率[18-20]、标准吸湿含水率[20-21]等单一指标评定膨胀等级。

二是采用多个指标共同进行膨胀等级评定,如:

(1)《铁路工程特殊岩土勘察规程》(TB 10038—2022)的判定方法[7]。

《铁路工程特殊岩土勘察规程》分类标准将自由膨胀率、蒙脱石含量、阳离子交换量作为判别指标,膨胀土的详判指标见表1-1,膨胀土的膨胀潜势分级见表1-2。

《铁路工程特殊岩土勘察规程》(TB 10038—2022)膨胀土详判指标　　表1-1

名称	判定指标
自由膨胀率 F_s(%)	$F_s \geq 40$
蒙脱石含量 M(%)	$M \geq 7$
阳离子交换量 $CEC(NH_4^+)$(mmol/kg)	$CEC(NH_4^+) \geq 170$

《铁路工程特殊岩土勘察规程》(TB 10038—2022)膨胀土的膨胀潜势分级　　表1-2

分级指标	弱膨胀土	中等膨胀土	强膨胀土
自由膨胀率 F_s(%)	$40 \leq F_s < 60$	$60 \leq F_s < 90$	$F_s \geq 90$
蒙脱石含量 M(%)	$7 \leq M < 17$	$17 \leq M < 27$	$M \geq 27$
阳离子交换量 $CEC(NH_4^+)$(mmol/kg)	$170 \leq CEC(NH_4^+) < 260$	$260 \leq CEC(NH_4^+) < 360$	$CEC(NH_4^+) \geq 360$

(2)《公路工程地质勘察规范》(JTG C20—2011)的判定方法[14]。

《公路工程地质勘察规范》分类标准将自由膨胀率、塑性指数、标准吸湿含水率作为判别指标,膨胀土的膨胀潜势分级见表1-3。

(3)柯尊敬标准[25]。

柯尊敬对于膨胀土等级分类的指标选用的是膨胀土的直接指标,包括最大线缩率、最大体缩率、最大膨胀率,其膨胀等级分类标准见表1-4。

《公路工程地质勘察规范》(JTG C20—2011)膨胀土的膨胀潜势分级   表1-3

分级指标	非膨胀土	弱膨胀土	中等膨胀土	强膨胀土
自由膨胀率F_s(%)	$F_s < 40$	$40 \leq F_s < 60$	$60 \leq F_s < 90$	$F_s \geq 90$
塑性指数I_p	$I_p < 15$	$15 \leq I_p < 40$	$28 \leq I_p < 40$	$I_p \geq 40$
标准吸湿含水率w_f(%)	$w_f < 2.5$	$2.5 \leq w_f < 4.8$	$4.8 \leq w_f < 6.8$	$w_f \geq 6.8$

柯尊敬膨胀等级分类标准   表1-4

分级指标	弱膨胀土	中膨胀土	强等膨胀土	极强膨胀土
最大线缩率(%)	2~5	5~8	8~11	>11
最大体缩率(%)	8~16	16~23	23~30	>30
最大膨胀率(%)	2~4	4~7	7~10	>10

(4)塑性图法[26]。

膨胀土的塑性指标主要有塑限、液限、塑性指数。塑性图是以塑性指数作为纵坐标,以液限作为横坐标的判定图。塑性图可反映膨胀土黏性矿物的物质组成以及影响膨胀土的结合水发育程度。

三是采用综合指标对膨胀岩(土)进行膨胀等级评定[27-40]。李玉花等[29]以南水北调工程沿线膨胀土为例,利用灰色理论中的灰色聚类法对膨胀土胀缩等级进行评价,该方法对于解决常规多因子分类问题具有一定优势。王欢等[31]分别利用Bayes判别法、Fisher判别法和物元可拓判别法3种方法,建立相应判别函数,将弱膨胀土的膨胀性分为强、中、弱3个等级。傅鹤林等[33]建立了膨胀土膨胀等级与分级指标之间的BP判定模型,对膨胀土膨胀等级进行了划分,并结合实际工程对分级结果进行了验证。张慧颖和曾建民[35]通过构造新的关联函数,改进了物元可拓模型,该模型较好地解决了指标间的互不相容性,并通过实例验证了物元可拓评价方法的合理性和有效性。汪明武等[36]探讨了基于云模型理论的胀缩性评价模型,并在实际工程中得到应用。马文涛等[40]将支持向量机方法应用于膨胀土分类问题中,建立了膨胀土分类的支持向量机模型。

1.3.2 红层泥岩非饱和渗透性研究现状

非饱和土孔隙中存在水、气两相,水、气两相有其各自的渗透规律,气相对水相的运动会起到阻滞和推动作用,使得非饱和土中水相的运动规律要比饱和土中水相的渗流运动更为复杂[41]。而红层膨胀泥岩的含水率改变引起的胀缩变形,会改变其孔隙结构并影响其渗透特性。

1)土体非饱和渗透试验方法

目前获得土体非饱和渗透系数的方法主要为间接法和直接法[41]。间接法是采用渗透性经验公式或先实测土-水特征曲线,再用其估算获得土体渗透性曲线,常见的方法是基于孔隙分布的统计模型[42-43],如 Childs & Collis-Geroge 模型(简称"CCG 模型")[44]、Fredlund 模型[45]、Van Genuchten 模型[46](简称"VG 模型")、Priesack & Durner 模型[47]、BC 模型[48]、陶-孔模型[49]等。之后也有一些学者对上述模型进行了修正和适用性讨论[43,50-56],发现土体中黏粒含量越高,各种统计模型越不准确,文杰等[57]认为间接法计算渗透系数具有较大的随机性,直接法结果更接近土体渗透系数真实值。

直接法主要有稳态法[56,58]和非稳态法[59-62]。稳态法采用非饱和水势可控的渗透仪测定(轴平移技术),流经试样的流量、水力梯度和含水率是常量,不随时间发生变化[63-65],但稳态法的缺点是土体非饱和渗透系数越小,测试所需时间越长[66],且设备复杂,耗时长[42]。非稳态法通常用来量测水相渗透系数较低的黏性土的渗透特性,主要有水平入渗法[67-68]、多步溢出法[69]、瞬时剖面法(Instantaneous Profile Method, IPM)[70-71]和湿润峰前进法(Wetting Front Advancing Method, WFAM)[71-72]等。其中,水平入渗法主要用于粗粒土试验,其局限性在于试验结果离散性大,且在土柱接近饱和时尤为明显[72];多步溢出法需要借助轴平移技术,其优点是试验每级压力平衡所需时间短,但当土体非饱和渗透系数大于陶土板的饱和渗透系数时,需要考虑陶土板对水流排出的阻碍作用[69];瞬时剖面法最早由 Richards 等[73]提出,它基于相邻两监测截面上的线性假定,通过测量一维土柱渗流状态下的含水率和水头的时间和空间剖面,计算得到土体非饱和渗透系数,该方法测量范围大,可满足室内和现场测试需要,其缺点为受限于吸力测试技术的发展,难以开展较大量程的吸力测试[74];湿润锋前进法由 Li[75]等提出,基于测试截面时域上的线性假定,假定湿润锋等值线在入渗过程中平稳前进,通过监测湿润锋、含水率和基质吸力随时间的变化,进行土体非饱和渗透系数的计算分析[76],具有测量范围大、耗时短和精度高的特点,在黄土[77]、粉质黏土[76]、沙土[74]等领域均具有较好的适用性,但在重塑膨胀泥岩的水分入渗过程中,土体没有稳定的水分迁移剖面,这与湿润锋前进法假设相悖,因此该方法不适合在膨胀性土体的非饱和渗透系数测试过程中使用[76]。

2)土体渗透-变形规律研究

瞬时剖面法被国内外诸多学者用于研究非饱和土体渗透特性[79-82]。它通过测量一维土柱渗流状态下含水率和水头的时间和空间剖面,通过对不同截面土柱进行差分,计算得到非饱和渗透系数,是能在较大范围内直接测量渗透系数的有效试验手段。研究表明,IPM 试验中传感器间隔[74,82]、计算时间间隔[74,82]、传感器尺寸[76]及试样初始含水率[83]等均会不同程度影响试验精度。Hu 等[84]通过黄土 IPM 试验发现,试验中入渗速率过快和传感器间距过大,导致得到的渗透系数具有较大误差,张玉莲等[74,82]建议传感器间隔越小越好,计算时间间隔越小越好,且水分仪应尽量布置在离入渗端面较远处。上述研究均为针对重塑土体开展的 IPM 试验,在得到土体渗透系数的同时,探究了影响测试结果精度的因素,并分析了改进方法。随后,关于土体初始干密度、初始含水率、注水方式、上覆荷载及黏土矿物组分因素对其非饱和渗透特性的影响研究相继展开[83],叶为民等[85]基于 IPM 方法得到汉十高速公路路堑边坡的弱膨胀土的非饱和渗透系数为 $4.5\times10^{-10} \sim 3.0\times10^{-9}$ m/s,且非饱和渗透系数与吸力之间并不是单一的增、减关系。崔颖等[86]研究发现,压实膨胀黏土的渗透系数受吸力、围压、干密度、饱和度等因素控制。戴张俊等[51]对中、强膨胀土的持水及渗透特性进行了试验研究,发现膨胀土的持水特性受岩土的物理性质、矿物成分与结构特征的影响,膨胀潜势强、细颗粒含量大、孔隙结构小的试样有着较低的脱水速率;渗透系数和水体积变化系数受到膨胀潜势与干密度的共同影响。

1.3.3 高速铁路路基上拱病害研究现状

目前,学者们对高速铁路无砟轨道路基上拱病害进行了大量研究,研究主要集中在上拱病害成因方面,研究人员提出了多种观点及理论:尧俊凯等[87]通过现场监测、室内试验等手段对高速铁路路基上拱成因进行了研究,认为硫酸盐侵蚀改良路基填料的水泥是引起钢轨上拱的主要原因之一;马丽娜等[88]则通过现场调研及原位试验等手段对西部某客运专线部分工点出现的上拱病害进行了研究,认为泥岩地基遇水膨胀是导致该线路钢轨上拱的主要原因;而张晓斌[89]通过现场调研和室内试验对兰新高速铁路玉门段发生的上拱病害进行研究后认为,填筑路基使用的粗粒土含盐量过高造成的盐胀和冻胀是引起路基膨胀的主要原因;王鹏程等[90]对不同地区高速铁路路基上拱进行研究后,提出了相应的治理措施,并取得了显著效果;戴张俊等[91]研究认为红层泥岩吸水膨胀是造成路基上拱变形的主要原因,并通过室内试验和数值模拟研究了红层泥岩膨胀引起的路基长时持续上拱变形机制和演化规律。此外,部分学者对路基上拱问题进行了相关数值模拟,徐浩等[92]通过数值模拟研究了严寒地区路基冻胀对CRTSⅢ型板式无砟轨道各结构层上拱变形的影响规律;赵磊[93]通过现场调查及数值模拟,对高速铁路路基上拱后轨道变形、层间离缝以及路基动力响应进行了分析,同时提出路桥过渡段是路基膨胀病害的高发路段;赵国堂[94]通过数值模拟研究了哈大高速铁路路基冻胀对无砟轨道不平顺性以及轨道结构的影响规律;王瑞等[95]通过数值模拟研究了高速铁路路基不同结构层位发生膨胀变形后引起的钢轨上拱响应,认为钢轨上拱病害的空间分布仅与路基结构层发生的膨胀范围有关;邓逆涛等[96]系统研究含黄铁矿填料路基上拱病害特征,探究了摩擦板及端刺结构形式、路基填料高度对路基上拱变形的影响,分析黄铁矿氧化膨胀反应机理和膨胀特性。

本章参考文献

[1] 陈曦,王成善,李祥辉,等.阿尔卑斯-喀尔巴阡上白垩统大洋红层特征与对比[J].地学前缘,2005,12(2):61-68.

[2] 周翠英,刘镇,薛翊国,等.关于红层灾变基础研究的若干思考[J].工程地质学报,2022,31(3):689-705.

[3] 余云燕,崔文豪,罗崇亮,等.红层泥岩填料的力学特性及本构模型研究[J].地震工程学报,2024,46(1):1-9.

[4] 颜宏毅,赵晓彦,李臣奇,等.路堑特征对高铁红层泥岩基底蠕变上拱特性影响研究[J].

工程地质学报,2024,32(2):709-718.

[5] 张锐,罗辉,余雷,等.侧向地应力对深挖方红层软岩路基上拱的影响研究[J].岩石力学与工程学报,2024,43(10):2396-2404.

[6] 国家铁路局.高速铁路设计规范:TB 10621—2014[S].北京:中国铁道出版社,2014.

[7] 国家铁路局.铁路工程特殊岩土勘察规程:TB 10038—2022[S].北京:中国铁道出版社,2022.

[8] 颜宏毅,赵晓彦,陈明浩,等.红层地区高铁路堑基底上拱等级预测研究[J].土木工程学报,2024,57(2):107-116.

[9] 张连杰,武雄,张耀国,等.无荷条件下原状膨胀土膨胀特性分析[J].水文地质工程地质,2015,42(4):96-100.

[10] 王亮亮,杨国林,刘黄伟,等.云桂铁路弱-中膨胀土膨胀力试验研究[J].中南大学学报(自然科学版),2013,44(11):4658-4663.

[11] 项伟,董晓娟.南水北调潞王坟段弱膨胀土膨胀性研究[J].岩土力学,2012,33(4):986-992.

[12] 张善凯,冷先伦,盛谦.卢氏膨胀岩湿胀软化特性研究[J].岩土力学,2020,41(2):561-570.

[13] 陈善雄,余颂,孔令伟,等.膨胀土判别与分类方法探讨[J].岩土力学,2005,37(12):1895-1900.

[14] 中华人民共和国交通运输部.公路工程地质勘察规范:JTG C20—2011[S].北京:人民交通出版社,2011.

[15] 刘岩,吴天前,邹维列.强膨胀土自然膨胀特性的试验研究[J].华中科技大学学报(自然科学版),2020,48(2):29-35.

[16] 中华人民共和国住房和城乡建设部.膨胀土地区建筑技术规范:GB 50112—2013[S].北京:中国建筑工业出版社,2013.

[17] 查甫生,杜延军,刘松玉,等.自由膨胀比指标评价改良膨胀土的膨胀性[J].岩土工程学报,2008,30(10):1502-1509.

[18] 龚壁卫,周丹蕊,魏小胜.膨胀土的电导率与膨胀性的关系研究[J].岩土力学,2016,37(2):323-328.

[19] 储亚,查甫生,刘松玉,等.基于电阻率法的膨胀土膨胀性评价研究[J].岩土力学,2017,38(1):157-164.

[20] 姚海林,杨洋,程平,等.膨胀土壤标准吸湿含水率及其试验方法[J].岩土力学,2004,25(6):856-859.

[21] 陈永艾,吴清林.基于吸湿含水率判别膨胀土的研究[J].铁道工程学报,2008,25(8):15-17.

[22] 李进前,王起才,张戎令,等.基于Fisher分析的高速铁路地基膨胀土判别方法[J].铁

道建筑, 2017, 57(8): 73-77.

[23] 高岭, 李建朋, 李雪校. 基于燕尾突变模型和标准吸湿含水率的膨胀土分类方法[J]. 武汉大学学报(工学版), 2021, 54(4): 325-331.

[24] 谭罗荣, 张梅英, 邵梧敏, 等. 风干含水率W65用作膨胀土判别分类指标的可行性研究[J]. 工程地质学报, 1994, 2(1): 15-26.

[25] 柯尊敬. 对铁道工程中膨胀土判别和分类的看法[J]. 路基工程, 1986(4): 45-62.

[26] 刘特洪. 工程建设中的膨胀土问题[M]. 北京:中国建筑工业出版社, 1997.

[27] 曲永新. 中国膨胀性岩、土一体化工程地质分类的理论与实践[C]//中国地质学会工程地质委员会. 中国工程地质五十年. 北京: 地震出版社, 2000: 140-164.

[28] ULUSAY R, TUETRELI K, IDER M H. Prediction of engineering properties of a selected litharenite sandstone from its petrographic characteristics using correlation and multivariate statistical techniques[J]. Engineering Geology, 1994, 38(1-2):135-157.

[29] 李玉花, 冯晓腊, 严应征. 灰色聚类法在膨胀土分类中的应用[J]. 岩土力学, 2003, 24(2): 304-306.

[30] 何洋. 皖江经济带膨胀土工程性质分类与分区研究[D]. 合肥: 合肥工业大学, 2018.

[31] 王欢, 凡超文, 韩长玉. 弱膨胀土膨胀性判别与分级方法研究[J]. 河南大学学报(自然科学版), 2019, 49(2): 235-241.

[32] 刘章军. 膨胀土判别与分类的模糊概率模型及应用[J]. 公路交通科技, 2010, 27(3): 1-5.

[33] 傅鹤林, 范臻辉, 刘宝琛. 利用人工神经网络模型判定膨胀土等级[J]. 中国铁道科学, 2002, 23(5): 118-120.

[34] 汪明武, 金菊良, 李丽. 可拓学在膨胀土胀缩等级评判中的应用[J]. 岩土工程学报, 2003, 25(6): 754-757.

[35] 张慧颖, 曾建民. 物元可拓模型的改进及其在膨胀土分类中的应用[J]. 岩土力学, 2008, 29(6): 1681-1684.

[36] 汪明武, 李健, 徐鹏, 等. 膨胀土与石灰改良膨胀土胀缩性的云模型评价[J]. 东南大学学报(自然科学版), 2014, 44(2): 396-400.

[37] WANG M W, CHEN G Y. A novel couping model for risk analysis of swell and shrinkage of expansive soils[J].Computers and Mathematics with Applications, 2011, 62: 2854-2861.

[38] 朱训国, 杨庆. 膨胀岩的判别与分类标准[J]. 岩土力学, 2009, 30(S2): 174-177.

[39] 余颂, 陈善雄, 余飞, 等. 膨胀土判别与分类的Fisher判别分析方法[J]. 岩土力学, 2007, 28(3): 499-504.

[40] 马文涛. 支持向量机方法在膨胀土分类中的应用[J]. 岩土力学, 2005, 26(11): 1790-1792.

[41] 潘振辉, 肖涛, 李萍. 压实度与制样含水率对压实黄土微结构及水力特性的影响[J]. 岩

土力学, 2022, 43(S1): 357-366.

[42] 余云燕, 丁小刚, 薛彦瑾, 等. 高速铁路微膨胀泥岩破碎土非饱和渗透特性研究[J]. 中国铁道科学, 2024, 45(1): 1-11.

[43] 丁小刚, 余云燕, 蔺文博, 等. 非饱和弱膨胀土土-水特征曲线拟合与渗透系数模型预测[J]. 中南大学学报(自然科学版), 2022, 53(1): 361-370.

[44] CHILDS E C, COLLIS-GEORGE N. The permeability of porous materials[J]. Proceedings of the Royal Society A: Mathematical, Physical and Engineering Sciences, 1950, 201:1066.

[45] FREDLUND D G, XING A, HUANG S. Predicting the permeability function for unsaturated soils using the soil-water characteristic curve[J]. Canadian Geotechnical Journal, 2011, 31(4): 533-546.

[46] GENUCHTEN M T V. A closed form equation for predicting the hydraulic conductivity of unsaturated soils[J]. Soil Science Society of America Journal, 1980, 44(5): 892-898.

[47] LIU S, YASUFUKU N, LIU Q, et al. Physically based closed-form expression for the bimodal unsaturated hydraulic conductivity function[J]. Water Science and Technology, 2013, 68(2): 328-334.

[48] BROOKS R H, COREY A T. Hydraulic properties of porous media and their relation to drainage design[J]. Transactions of the ASAE, 1964, 7(1): 0026-0028.

[49] 陶高梁, 孔令伟. 基于微观孔隙通道的饱和/非饱和土渗透系数模型及其应用[J]. 水利学报, 2017, 48(6): 702-709.

[50] ZHOU W, YUEN K, TAN F. Estimation of soil-water characteristic curve and relative permeability for granular soils with different initial dry densities[J]. Engineering Geology, 2014, 179: 1-9.

[51] 戴张俊, 陈善雄, 罗红明, 等. 非饱和膨胀土/岩持水与渗透特性试验研究[J]. 岩土力学, 2013, 34(S1): 134-141.

[52] 谭志翔, 王正中, 葛建锐, 等. 北疆白砂岩与泥岩的土水特征曲线及渗透曲线实验研究[J]. 岩土工程学报, 2020, 42(S1): 229-233.

[53] 黄献文, 姜朋明, 周爱兆, 等. 基于颗粒分形特征的土体渗透特性预测模型[J]. 岩土工程学报, 2023, 45(9): 1907-1915.

[54] 李燕, 李同录, 李萍, 等. 全吸力范围非饱和持水函数和渗透性函数的预测模型[J]. 工程地质学报, 2024, 32(1): 1-10.

[55] 王海曼, 倪万魁. 不同干密度压实黄土的饱和/非饱和渗透系数预测模型[J]. 岩土力学, 2022, 43(3): 729-736.

[56] MEERDINK J S, BENSON C H, KHIRE M V. Unsaturated hydraulic conductivity of two compacted barrier soils[J]. Journal of Geotechnical Engineering, 1996, 122(7): 565-576.

[57] 文杰, 韩金良, 姚磊华, 等. 原位非饱和黄土渗透系数研究[J]. 岩土力学, 2015, 36(9):

2599-2606.

[58] WENDROTH O, EHLERS W, KAGE H, et al. Reevaluation of the evaporation method for determining hydraulic functions in unsaturated Soils[J]. Soil Science Society of America Journal, 1993, 57(6): 1436-1443.

[59] ISIKAWA T, TOKORO T, ITO K, et al. Testing methods for hydro-mechanical characteristics of unsaturated soils subjected to one-dimensional freeze-thaw action[J]. Soils and Foundations, 2010, 50(3): 431-400.

[60] NG C, LEUNG A. Measurements of drying and wetting permeability functions using a new stress-controllable soil column[J]. Journal of Geotechnical and Geoenvironmental Engineering-ASCE, 2012, 138(1): 58-68.

[61] 余云燕,丁小刚,马丽娜,等.微膨胀泥岩地基原位水分入渗响应特征试验研究[J].岩土力学,2024,45(3):647-658.

[62] LI X, ZHANG Z, ZHANG L, et al. Combining two methods for the measurement of hydraulic conductivity over a wide suction range[J]. Computers and Geotechnics, 2021, 135:104178.

[63] 李同录,范江文,习羽,等.击实黄土孔隙结构对土水特征的影响分析[J].工程地质学报,2019,27(5):1019-1026.

[64] 张培森,赵成业,侯季群,等.温度-应力-渗流耦合条件下红砂岩渗流特性试验研究[J].岩石力学与工程学报,2020,39(10):1957-1974.

[65] 刘江峰,倪宏阳,浦海,等.多孔介质气体渗透率测试理论、方法、装置及应用[J].岩石力学与工程学报,2021,40(1):137-146.

[66] 李燕.非饱和压实黄土渗透性函数的测定和预测方法研究[D].西安:长安大学,2023.

[67] 杨诗秀,雷志栋.水平土柱入渗法测定土壤导水率[J].水利学报,1991(5):1-7.

[68] 李纪伟,林法力,韦昌富,等.非饱和土中水平入渗方程显式求解[J].岩土力学,2021,42(1):203-210.

[69] 邵龙潭,温天德,郭晓霞.非饱和土渗透系数的一种测量方法和预测公式[J].岩土工程学报,2019,41(5):806-812.

[70] VANAPALLI S K, GARGA V K, BRISSON P. A modified permeameter for determination of unsaturated coefficient of permeability[J]. Geotechnical and Geological Engineering, 2006, 25(2): 191-202.

[71] RICHARDS S J, WEEKS L V. Capillary conductivity values from moisture yield and tension measurements on soil columns[J]. Soil Science Society of America Journal, 1953, 17(3): 206-209.

[72] VILLARREAL R, LOZANO L A, MELANI E M, et al. Diffusivity and sorptivity determination at different soil water contents from horizontal infiltration[J]. Geoderma, 2019, 338: 88-96.

[73] RICHARDS S J. Capillary conductivity values from moisture yield and tension measurements on soil columns[J]. Soil Science Society of America Journal, 1953, 17(3): 206-209.

[74] 李旭,范一锴,黄新. 快速测量非饱和土渗透系数的湿润锋前进法适用性研究[J]. 岩土力学, 2014, 35(5): 1489-1494.

[75] XU L, ZHANG L M, FREDLUND D G. Wetting front advancing column test for measuring unsaturated hydraulic conductivity[J]. Canadian Geotechnical Journal, 2009, 46(12): 1431-1445.

[76] 刘阿强,李旭,刘艳,等. 全吸力范围内渗透系数快速测定方法研究[J]. 岩土力学, 2022, 43(11): 3209-3219.

[77] 蔡国庆,刘倩倩,杨雨,等. 水-力耦合作用下干燥和湿润砂质黄土渗透特性试验研究[J]. 土木工程学报, 2022, 55(3): 74-82.

[78] 胡海军,李常花,崔玉军,等. 增湿情况重塑黄土非饱和渗透系数的测定方法研究[J]. 水利学报, 2018, 49(10): 1216-1226.

[79] NIU W J, YE W M, SONG X. Unsaturated permeability of gaomiaozi bentonite under partially free-swelling conditions[J]. Acta Geotechnica, 2020, 15(5): 1095-1124.

[80] JACKSON R D. Water vapor diffusion in relatively dry soil: I. Theoretical considerations and sorption experiments[J]. Soil Science Society of America Journal, 1964, 28(2): 1-10.

[81] SILVA A C D, ARMINDO R A, PREVEDELLO C L. Utilizing Splintex 2.0 for estimating the soil hydraulic conductivity curve measured with instantaneous profile method[J]. Soil and Tillage Research, 2020, 204:104722.

[82] 张玉莲. 非饱和土渗透系数瞬态剖面测量方法及仪器的改进[D]. 哈尔滨:哈尔滨工业大学, 2012.

[83] 潘振辉,肖涛,李萍. 压实度与制样含水率对压实黄土微结构及水力特性的影响[J]. 岩土力学, 2022, 43(S1): 357-366.

[84] HU H, CUI Y, LI C, et al. Improvement of three common methods for determining hydraulic conductivity curve of unsaturated soil upon wetting[J]. Journal of Hydrology, 2021, 594: 125947.

[85] 叶为民,钱丽鑫,白云,等. 由土-水特征曲线预测上海非饱和软土渗透系数[J]. 岩土工程学报, 2005(11):27-30.

[86] 崔颖,缪林昌. 非饱和压实膨胀土渗透特性的试验研究[J]. 岩土力学, 2011, 32(7): 2007-2012.

[87] 尧俊凯,叶阳升,王鹏程,等. 硫酸盐侵蚀水泥改良路基段上拱研究[J]. 岩土工程学报, 2019, 41(4): 782-788.

[88] 马丽娜,严松宏,王起才,等. 客运专线无砟轨道泥岩地基原位浸水膨胀变形试验[J]. 岩石力学与工程学报, 2015, 34(8): 1684-1691.

[89] 张晓斌.兰新高铁路基含硫酸盐粗颗粒填料盐冻胀试验研究[D].北京:北京交通大学, 2019.

[90] 王鹏程,尧俊凯,陈锋,等.无砟轨道路基上拱原因试验研究[J].铁道建筑,2018,58(1):43-46.

[91] 戴张俊,郭建华,周哲,等.川中红层高铁路基长时上拱变形反演与预测[J].岩石力学与工程学报,2020,39(S2):3538-3548.

[92] 徐浩,蔡文锋,王平.路基冻胀对CRTSⅢ型板式轨道变形的影响研究[J].铁道工程学报,2019,36(10):27-32,40.

[93] 赵磊.大单元双块式无砟轨道路桥过渡段路基上拱影响研究[J].铁道学报,2018,40(10):127-134.

[94] 赵国堂.严寒地区高速铁路无砟轨道路基冻胀管理标准的研究[J].铁道学报,2016,38(3):1-8.

[95] 王瑞,程建军,李中国,等.路基膨胀引起轨道上拱响应特征研究[J].铁道科学与工程学报,2019,16(12):2942-2950.

[96] 邓逆涛,陈锋,张千里,等.含黄铁矿填料的高速铁路路基上拱特性与机理[J].中国铁道科学,2024,45(4):12-21.

2 红层泥岩微观结构

岩(土)体的宏观工程性质在很大程度上受其微观结构状态的控制,其复杂的物理力学性质是微观结构特性的集中体现。自1925年Terzaghi提出土的微观结构概念和思想以来,大量学者对岩(土)体的微观结构进行了研究和探讨。目前,岩(土)体微观结构测试常用的方法主要有扫描电子显微镜法(Scanning Electron Microscope,SEM)、核磁共振法(Nuclear Magnetic Resonance,NMR)以及压汞法(Mercury Intrusion Porosimetr,MIP)[1]。本章通过对红层泥岩进行扫描电子显微镜、核磁共振以及压汞试验,分析不同膨胀性泥岩浸水前后的颗粒特征、颗粒平均直径、颗粒形态分形维数以及孔隙结构分布规律,从而为红层泥岩微膨胀变形研究提供理论基础。

2.1 试验原材料

在西部某客运专线沿线上拱病害地段(路堤、路堑、过渡段),采用钻机钻芯取样,取样段路基最小上拱量为8mm,最大上拱量为48mm,取样深度在5~20m之间,采集若干泥岩样。将取出后的泥岩样用保鲜膜包裹,以防止水分蒸发,并标明取样的里程、深度和时间,如图2-1、图2-2所示。

图2-1 钻芯泥岩样

图2-2 保鲜膜包裹后泥岩样

采用X射线衍射仪测试泥岩中的黏土矿物,根据黏土矿物含量选取A、B、C、D共4组泥岩样。同时,又进行了4组泥岩样的自由膨胀率、阳离子交换量及无荷膨胀量试验,试验结果见表2-1。

原材料黏土矿物含量及膨胀指标试验结果　　　　表2-1

组别	蒙脱石(%)	伊利石(%)	高岭石(%)	自由膨胀率(%)	阳离子交换量(mmol/kg)	无荷膨胀量(mm)	膨胀性
A	0.0	3.9	4.2	13.2	98.5	0.21	Ⅳ

续上表

组别	蒙脱石(%)	伊利石(%)	高岭石(%)	自由膨胀率(%)	阳离子交换量(mmol/kg)	无荷膨胀量(mm)	膨胀性
B	1.5	3.1	2.8	22.1	153.1	1.68	Ⅲ
C	3.5	2.9	6.8	38.5	213.5	2.14	Ⅱ
D	5.4	3.9	4.7	45.4	289.4	3.25	Ⅰ

从表2-1可知,A、B、C、D组泥岩具有微膨胀性,由于本章主要研究不同膨胀性泥岩在不同含水率情况下的微观结构,因此根据黏土矿物含量、自由膨胀率、阳离子交换量和无荷膨胀量试验结果,将A、B、C、D组泥岩的微膨胀等级划分为Ⅰ(微膨胀泥岩中的强膨胀,简称"强膨胀")、Ⅱ(微膨胀泥岩中的中等膨胀,简称"中膨胀")、Ⅲ(微膨胀泥岩中的弱膨胀,简称"弱膨胀")、Ⅳ(微膨胀泥岩中的无膨胀,简称"无膨胀")级。

2.2 核磁共振试验结果分析

2.2.1 核磁共振试验方法

将A、B、C、D组泥岩制备成$\phi 61.8mm \times 20mm$的原状样,每组3个,且样品之间密度差不超过$0.03g/cm^3$。将制备好的试样按照真空冷冻干燥法进行干燥,称取干燥后试样的质量,并将其放入图2-3所示的膨胀量测试仪中。按照5%含水率计算出所需的加水量,将加水量注入试验装置后,每2h记录一次位移传感器数据,直至位移传感器最终稳定,则泥岩在该含水率下达到膨胀稳定状态。

待膨胀量测试仪中的试样膨胀稳定后,将样品连同有机玻璃筒模具(考虑到有机玻璃对核磁共振试验无影响)一并取出,擦拭有机玻璃筒表面水分,称其质量,计算出泥岩实际含水率。称量结束后,将样品连同有机玻璃筒模具经真空冷冻干燥机干燥后,放入装有酒精的饱和器对其进行饱和(考虑到用水饱和时泥岩会进一步膨胀,孔隙结构也会发生变化,故采用酒精对泥岩进行饱和),进行含水率为5%的核磁共振试验,分别得到T_2谱、孔径分布和孔隙度变化规律。

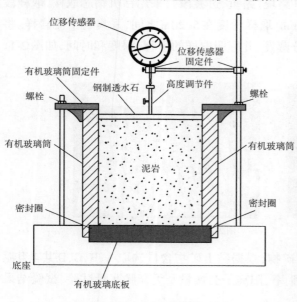

图2-3 不同吸水量下膨胀量测试仪

含水率为5%的泥岩样核磁共振测试结束后,将该样品进行真空冷冻干燥,再进行含水率为10%的核磁共振试验,重复上述步骤再分别进行含水率为15%、20%的核磁共振试验。核磁共振试验测试内容及顺序见图2-4。

组别	含水率(%)	测试顺序	测试内容
A B C D	5 10 15 20	第一步：将试样安装在膨胀量测试仪上并进行注水，含水率为5%，达到膨胀稳定。 第二步：对含水率5%试样进行真空冷冻干燥。 第三步：含水率5%试样干燥后用酒精溶液进行饱和。 第四步：对含水率5%试样饱和后样品进行核磁共振试验，得到其T_2谱。 第五步：对测试完核磁共振样品(含水率5%)再进行真空冷冻干燥。 第六步：对干燥完样品装入测试仪上注水，使其含水率达到10%，并达到膨胀稳定。 第七步：对含水率10%试样进行真空冷冻干燥。 第八步：含水率10%试样干燥后用酒精溶液进行饱和。 第九步：对含水率10%试样饱和后的样品进行核磁共振试验，得到其T_2谱。 依此类推，分别得到含水率15%和20%试样的T_2谱	T_2谱

图2-4 核磁共振试验测试内容及顺序

2.2.2 T_2谱分布规律

核磁共振T_2谱可以反映泥岩内部孔隙结构。对不同膨胀性及不同含水率的泥岩样进行测试，得到不同膨胀性及含水率下泥岩的T_2谱，如图2-5所示。

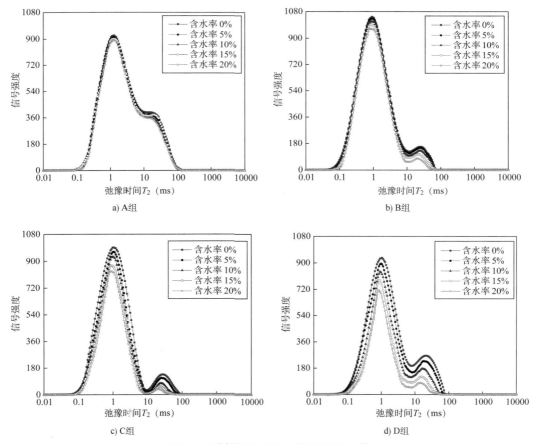

a) A组　　　　　　　　　　　b) B组

c) C组　　　　　　　　　　　d) D组

图2-5 不同膨胀性及含水率下泥岩的T_2谱

从图2-5可知,不同组泥岩的T_2谱分布主要表现为2个峰谱,且弛豫时间主要集中在0.01~100ms之间。不同黏土矿物含量的泥岩,在不同含水率下T_2谱变化各不相同。A组岩样在不同含水率下T_2谱几乎无变化;B组岩样在不同含水率下T_2谱变化有差异,但差异较小,主要表现在右侧谱峰峰值减小,且向左移动;C组岩样在不同含水率下T_2谱变化差异比较显著,随含水率的增加,左侧谱峰峰值和右侧谱峰峰值在减小,左侧和右侧谱峰均向左移动;D组岩样在不同含水率下T_2谱变化差异显著,随含水率的增加,左侧谱峰峰值和右侧谱峰峰值均减小,且减小幅度较大,同时左右侧谱峰均向左移动。以上结果说明,泥岩膨胀性强弱对泥岩孔隙影响较大,膨胀性强的泥岩中含有黏土矿物含量较多,在相同含水率情况下向孔隙中释放的膨胀物质较多,导致泥岩中大尺寸孔隙和小尺寸孔隙在逐渐减小,甚至小孔隙会被完全填充。因此,泥岩膨胀性不同,T_2谱变化也不相同。

从图2-5还可知,泥岩在膨胀性相同情况下,含水率对T_2谱分布影响较大。以D组岩样为例,随着含水率增加,T_2谱左侧谱峰峰值和右侧谱峰峰值均在减小,且含水率越大峰值减小越显著;同时,含水率增加,T_2谱整体向左移动。这是因为在相同膨胀性情况下,含水率越大,膨胀性物质反应越充分,且反应后的膨胀性物质大部分填充于泥岩孔隙中,导致整个泥岩大孔和小孔尺寸减小,泥岩整体孔隙率也在减小。因此,随含水率增加,T_2谱峰值在减小,且整体向左移动。由于谱峰位置对应不同尺寸孔隙,泥岩不同含水率下谱峰变化幅度不同,也说明了不同孔隙的孔径变化存在差异。

2.2.3 孔径分布规律

核磁共振通过对完全饱和酒精的泥岩样进行CPMG脉冲序列测试,探测泥岩样中^{1}H质子弛豫响应,得到自旋回波串衰减信号幅度,所有衰减幅度集合就形成了T_2分布。已经从数学上证明,孔隙介质中流体横向弛豫时间T_2与孔隙尺寸成正比[3-5]。因此,孔隙中流体横向弛豫时间T_2可用式(2-1)表示:

$$\frac{1}{T_2} = \rho_0 \frac{S_0}{V_0} \tag{2-1}$$

式中,S_0为孔隙表面积(cm^2);V_0为孔隙体积(cm^3);ρ_0为横向表面弛豫强度($\mu m/ms$);T_2为横向弛豫时间(ms)。

式(2-1)可进一步转化为弛豫时间T_2与岩芯孔隙半径r之间关系式,即:

$$\frac{1}{T_2} = \frac{\rho_0}{r} F_a \tag{2-2}$$

式中,r为孔隙半径(μm);F_a为几何形状因子(球状孔隙,$F_a = 3$;柱状孔隙,$F_a = 2$)。

根据式(2-1)、式(2-2)可知,孔隙半径与T_2值成正比,T_2值越小,孔隙越小;孔隙越大,T_2值越大。根据式(2-2)中岩石孔隙半径r与其横向弛豫时间T_2的对应关系,对于柱状孔隙,F_a取值为2;不同岩石类型具有不同表面弛豫强度值ρ_0,对于多孔介质性质的岩石类材料而言,ρ_0取值范围一般为1~10$\mu m/ms$[6-7],本书中取中间值$\rho_0 = 5\mu m/ms$,则式(2-2)可简化为:

$$r = 10T_2 \tag{2-3}$$

因此,根据式(2-3)可以将泥岩T_2谱分布转化为孔径分布曲线,得到各孔径大小分布比例图,如图2-6所示。

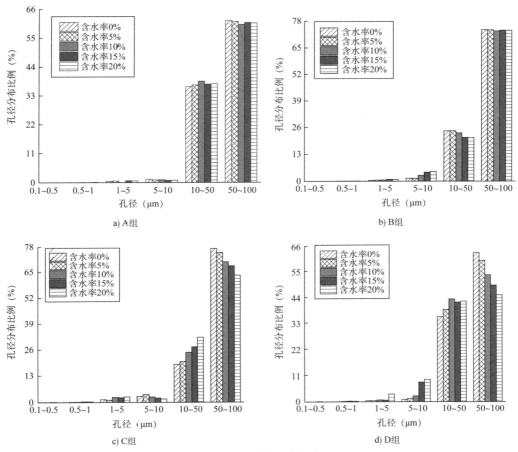

图2-6 泥岩孔径分布及对比

从图2-6可知,泥岩孔径在10~100μm范围内占主导地位,孔径分布比例较大的孔径区间主要有10~50μm和50~100μm,最大占比超过70%,而孔径分布比例在0.1~0.5μm、0.5~1μm、1~5μm、5~10μm区间内占比较小,说明泥岩内部大孔隙较多,小孔和微孔隙较少。从图2-6还可知,各孔径分布比例与泥岩膨胀性和吸水量有关。当泥岩膨胀性较强时(D组岩样),50~100μm范围内孔径分布比例随吸水量增大在逐渐减小,10~50μm范围内孔径分布比例随吸水量增大在逐渐增大,小于10μm范围内孔径分布比例随吸水量增大在逐渐增大。泥岩具有中等膨胀性时(C组岩样),50~100μm范围内孔径分布比例随吸水量增大在逐渐减小,10~50μm范围内孔径分布比例随吸水量增大在逐渐增大,5~10μm范围内孔径分布比例随吸水量增大在逐渐减小,小于5μm范围内孔径分布比例随吸水量增大在逐渐增大。泥岩具有弱膨胀性时(B组岩样),吸水量对泥岩50~100μm范围内孔径分布比例影响孔径较小,10~50μm范围内孔径分布比例随吸水量增大在逐渐减小,小于10μm范围内孔径分布比例随吸水量增大在逐渐增大。泥岩为无膨胀性时(A组岩样),泥岩吸水量对泥岩孔径影响较小。

泥岩孔径分布特征为研究泥岩渗透性、孔隙结构以及孔隙结构对力学性能的影响等内容提供了重要依据。但目前对泥岩尚无统一孔径划分标准,有学者将孔径尺度划分为大孔($r>10\mu m$)、小孔($r\leqslant 10\mu m$)两个范围[8];Yan等研究了中国十类典型岩石,并将岩石孔径划分为小孔($r<0.01\mu m$)、中孔($0.01\leqslant r<1\mu m$)、大孔($r\geqslant 1\mu m$)3类[9];Chalmers等将细粒岩石孔径划分为小孔($r<0.002\mu m$)、中孔($0.02\leqslant r<0.05\mu m$)、大孔($0.05\leqslant r<0.3\mu m$)3类[10]。作者根据泥岩孔隙结构测试结果,将泥岩孔径分为4个区间进行统计,即微孔($r\leqslant 1\mu m$)、小孔($1<r\leqslant 10\mu m$)、中孔($10<r\leqslant 50\mu m$)、大孔($50<r\leqslant 100\mu m$)。结合式(2-3),将横向弛豫时间T_2谱分布在0~10ms划分为微孔隙,10~100ms划分为小孔隙,100~500ms划分为中等孔隙,500~1000ms划分为大孔隙。依据上述分级标准,统计出泥岩内部不同孔径谱面积分布,见表2-2。

泥岩内不同孔径的谱面积分布统计表　　　　表2-2

组别	孔径类别	含水率0%		含水率5%		含水率10%		含水率15%		含水率20%	
		谱面积	占比(%)	谱面积	占比(%)	谱面积	占比(%)	谱面积	占比(%)	谱面积	占比(%)
A	微	45	0.10	19	0.05	48	0.12	42	0.10	63	0.16
	小	777	1.76	675	1.58	464	1.13	656	1.56	604	1.52
	中	16041	36.42	15817	37.05	15793	38.54	15748	37.37	14919	37.55
	大	27179	61.71	26179	61.32	24677	60.21	25691	60.97	24148	60.77
B	微	22	0.05	37	0.09	47	0.12	50	0.14	55	0.16
	小	778	1.89	751	1.92	1340	3.40	1897	5.23	1825	5.42
	中	9961	24.22	9495	24.27	9172	23.28	7636	21.07	7045	20.91
	大	30361	73.83	28832	73.71	28832	73.19	26664	73.56	24764	73.51
C	微	33	0.09	63	0.19	75	0.26	104	0.39	108	0.46
	小	1600	4.26	1569	4.86	1477	5.07	1158	4.38	1018	4.30
	中	6986	18.61	6461	20.00	7170	24.63	7218	27.32	7580	32.06
	大	28921	77.04	24206	74.95	20393	70.04	17943	67.91	14941	63.18
D	微	28	0.07	36	0.10	52	0.19	69	0.32	70	0.38
	小	564	1.45	620	1.82	867	3.18	1911	8.81	2254	12.43
	中	13833	35.5	13158	38.57	11777	43.20	9066	41.78	7655	42.22
	大	24539	62.98	20299	59.51	14568	53.43	10652	49.09	8153	44.97

注:"微"指微孔隙;"小"指小孔隙;"中"指中等孔隙;"大"指大孔隙。

核磁共振谱面积是反映孔隙变化的一个重要参数,它可以定量描述泥岩内部孔隙结构尺寸变化。由表2-2可知,泥岩具有强膨胀性时,微孔隙和小孔隙谱面积随含水率增大在逐渐增大,孔隙占比也在逐渐增大,中等孔隙谱面积随含水率增加在逐渐减小,但孔隙占比在逐渐增加,大孔隙谱面积随含水率增加在逐渐减小,孔隙占比也在逐渐减小。泥岩具有中等膨胀性时,微孔隙谱面积随含水率增大在逐渐增大,孔隙占比也在逐渐增大,小孔隙谱面积随含水率增大在逐渐减小,孔隙占比也在逐渐减小,中等孔隙谱面积随含水率增加在逐渐减小,但孔隙占比在逐渐增加,大孔隙谱面积随含水率增加在逐渐减小,孔隙占比逐渐减小。无膨胀性泥岩随含水率增大,各个孔隙谱面积和孔隙占比变化较小。

2.2.4 孔隙度变化规律

孔隙度指孔隙体积占基质总体积百分比,反映了基质孔隙状况。泥岩在不同膨胀性及不同含水率情况下孔隙度变化情况如图2-7所示。

从图2-7可知,泥岩具有强膨胀性时,泥岩孔隙度随含水率的增大分别下降了11.05%、29.5%、36.87%和45.41%;泥岩具有中膨胀性时,泥岩孔隙度随含水率的增大分别下降了5.64%、18.23%、24.67%和30.61%;泥岩具有弱膨胀性时,泥岩孔隙度随含水率

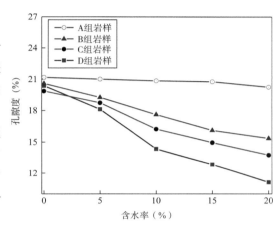

图2-7 不同膨胀性泥岩在不同含水率下孔隙度变化情况

的增大分别下降了6.51%、14.41%、21.71%和25.4%;泥岩无膨胀性时,泥岩孔隙度随含水率的增大基本不变。因此,强膨胀性泥岩孔隙度随含水率的增大下降最快,中膨胀性泥岩孔隙度随含水率的增大下降较快,弱膨胀性泥岩孔隙度随含水率的增大下降比较缓慢。这是因为泥岩中含有膨胀性矿物成分,与水反应后会填充于泥岩孔隙中,故泥岩孔隙度随含水率增大其整体孔隙度会减小。在相同含水率情况下,膨胀性越强的泥岩中含有的膨胀性矿物成分越多,与水反应后释放体积越大,而释放体积绝大部分填充于泥岩孔隙中,因此孔隙度随含水率的增大在逐渐下降,且膨胀性越强孔隙度下降越快。

2.3 扫描电子显微镜试验结果分析

2.3.1 扫描电子显微镜试验方法

将A、B、C、D共4组泥岩制备成ϕ61.8mm×20mm的原状样,每组3个试样,且样品之间密度差不超过0.03g/cm^3,将制备好的试样按照真空冷冻干燥法进行干燥。称取经真空冷冻干燥后样品质量,将该样品放入图2-3所示的膨胀量测试仪中,按照5%、10%、15%、20%吸水量计算出所需的加水量,将加水量注入试验装置后,每2h记录一次位移传感器数据,直至位移传感器最终稳定,则泥岩在该吸水量下达到了膨胀稳定状态。试验方案见表2-3。

膨胀量测试仪中试样膨胀稳定后,将样品连同有机玻璃筒模具一并取出,擦拭有机玻璃筒表面水分,称量其质量,计算出泥岩实际含水率。质量称量结束后,将样品连同有机玻璃筒

模具进行真空冷冻干燥。将干燥样小心掰开,制成1cm²的试样,保持其新鲜面不被碰触,用小刀削平其他面,用导电胶粘到专用的金属基座上,将金属基座放入真空溅射镀膜机,用离子溅射仪在每个试样上喷涂一层金属膜,将镀过膜的样品放入扫描电子显微镜样品室中。在扫描电子显微镜下分别放大1500倍,获取样品A、B、C、D组泥岩在不同初始含水率下的SEM图像,定性描述泥岩在不同含水状态下微观结构特征,定量分析颗粒平均直径及颗粒形态分形维数在不同含水状态下的变化规律。

扫描电子显微镜试验方案   表2-3

含水率(%)	0	5	10	15	20
试样编号	A-1	A-2	A-3	A-4	A-5
	B-1	B-2	B-3	B-4	B-5
	C-1	C-2	C-3	C-4	C-5
	D-1	D-2	D-3	D-4	D-5

2.3.2 颗粒特征定性分析

选取4种不同膨胀性的泥岩,对含水率为0%、20%的1500倍微观图像进行骨架颗粒形态分析,如图2-8、图2-9所示。

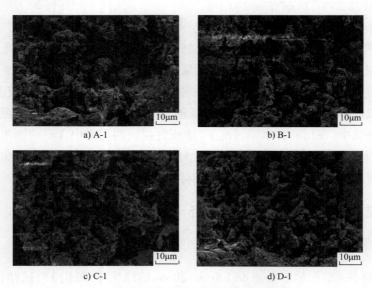

图 2-8 泥岩含水率为0%的SEM图像

从图2-8可知,泥岩初始结构状态中骨架颗粒以凝块和集粒为主,颗粒呈块状结构,同时也含有少量呈片状结构的颗粒,颗粒大小不均匀,表面粗糙,棱角分明,颗粒与颗粒之间接触方式为面面接触。泥岩膨胀性越强,其含有的小颗粒越多。

从图2-9可知,泥岩在含水率为20%时骨架颗粒仍以凝块和集粒为主,但随着膨胀性的增强,凝块数量在减小,凝块和集粒数量在增多。同时,随着膨胀性的增强,孔隙数量也在减少,颗粒表面变得更为粗糙,棱角也不再分明。

图 2-9 泥岩在含水率为20%的SEM图像

2.3.3 颗粒平均直径

在工程地质学中,颗粒大小都以直径表示。在SEM图像定量分析中,直接测量的不是颗粒直径,而是形状各异大小不等的各颗粒面积。利用IPP6.0微颗粒分析软件,对A、B、C、D组不同膨胀性泥岩在不同含水率情况下SEM图像进行处理,得到泥岩结构单元体大小含量变化情况,见表2-4。

泥岩结构单元体大小含量变化情况　　　　　表2-4

组别	含水率(%)	粒径(μm)					
		<1	1~2	2~5	5~10	10~20	>20
A	0	1.94	14.85	37.52	42.36	3.33	0.00
	5	2.01	15.64	36.96	42.15	3.24	0.00
	10	1.98	16.92	36.58	41.86	2.66	0.00
	15	2.13	17.36	35.78	41.85	2.88	0.00
	20	2.21	18.29	34.45	42.31	2.74	0.00
B	0	3.84	21.65	31.95	39.39	3.17	0.00
	5	4.65	22.05	32.51	38.51	2.28	0.00
	10	5.03	23.15	32.68	37.23	1.91	0.00
	15	5.06	24.04	33.05	36.11	1.74	0.00
	20	5.68	25.19	32.35	35.17	1.61	0.00

续上表

组别	含水率(%)	粒径(μm)					
		<1	1~2	2~5	5~10	10~20	>20
C	0	4.21	20.65	32.54	38.92	3.68	0.00
	5	4.98	23.12	33.66	35.12	3.12	0.00
	10	5.64	24.45	35.12	32.25	2.54	0.00
	15	6.35	25.24	36.12	30.13	2.16	0.00
	20	7.21	26.03	37.22	27.51	2.03	0.00
D	0	2.17	24.51	30.45	37.23	5.64	0.00
	5	4.25	26.31	32.07	34.25	3.12	0.00
	10	6.11	27.31	34.41	30.11	2.06	0.00
	15	7.48	28.22	36.58	26.16	1.56	0.00
	20	8.51	29.64	37.24	23.87	0.74	0.00

从表2-4可知,没有粒径大于20μm的颗粒,粒径在10~20μm之间和小于1μm的颗粒百分比较小,主要粒径区段分布在1~2μm、2~5μm和5~10μm之间,这三个区段的颗粒大约占土体总颗粒的90%。随着泥岩含水率的增大,小粒径颗粒含量在增多,大粒径颗粒含量在减小。以C组岩样为例,当泥岩含水率由0%增加到5%时,粒径在0~5μm之间的颗粒含量在增大,粒径在5~20μm之间的颗粒含量在减小。随着泥岩膨胀性增强,小粒径颗粒(0~5μm)含量的增幅也在变大,B组岩样在含水率由0%增加到20%时,小于1μm粒径的颗粒增加了1.84%,1~2μm粒径的颗粒增加了3.54%,2~5μm粒径的颗粒增加了0.4%;C组岩样在含水率由0%增加到20%时,粒径小于1μm粒径的颗粒增加了3.0%,1~2μm粒径的颗粒增加了5.38%,2~5μm粒径的颗粒增加了4.66%;D组岩样在含水率由0%增加到20%时,粒径小于1μm的颗粒增加了6.34%,1~2μm粒径的颗粒增加了5.13%,2~5μm粒径的颗粒增加了6.79%。因此,泥岩膨胀性和含水率均会影响到泥岩颗粒粒径变化。

2.3.4 颗粒形态分形维数

分形几何理论可定量描述不规则、不均匀岩土体颗粒分布规律。利用IPP6.0微颗粒分析软件提取出泥岩在不同含水率下颗粒的等效面积和等效周长,依据式(2-4)计算土体的颗粒形态分形维数[11]:

$$lg L_0 = \frac{D_0}{2} lg A_0 + C_0 \qquad (2-4)$$

式中,L_0、A_0分别为颗粒等效周长、等效面积;D_0为颗粒形态分布分形维数;C_0为常数。

通过IPP6.0微颗粒分析软件计算每个颗粒的等效面积和周长,根据式(2-4)取$lg A_0$为横坐标,$lg L_0$为纵坐标,将这些点拟合成一条直线,那么直线斜率K即为颗粒分形维数的一半[1]。根据式(2-4)计算出微膨胀泥岩在不同膨胀性及不同含水率下颗粒分形维数,见

表2-5、图2-10。

单元体颗粒在不同含水率下形态分形维数　　　　　　表2-5

组别	含水率				
	0%	5%	10%	15%	20%
A	1.026	1.034	1.052	1.076	1.098
B	1.157	1.187	1.205	1.238	1.264
C	1.264	1.292	1.325	1.388	1.439
D	1.342	1.406	1.498	1.564	1.634

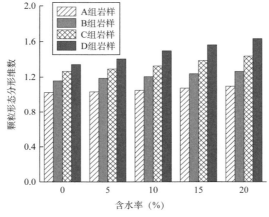

图2-10　泥岩在不同含水率下的单元体颗粒形态分形维数

从图2-10可知,随着含水率的增大,泥岩中单元体颗粒形态分形维数均在增大,但增大程度不同。对于B组岩样,在含水率0%的基础上,各含水率下颗粒形态分形维数分别增加了2.59%(含水率5%)、4.15%(含水率10%)、7.00%(含水率15%)、9.25%(含水率20%);对于C组岩样,在含水率0%的基础上,各含水率下颗粒形态分形维数分别增加了2.22%(含水率5%)、4.83%(含水率10%)、9.81%(含水率15%)、13.84%(含水率20%);对于D组岩样,在含水率0%的基础上,各含水率下颗粒形态分形维数分别增加了4.77%(含水率5%)、11.62%(含水率10%)、16.54%(含水率15%)、21.76%(含水率20%)。颗粒形态分形维数主要反映颗粒形态复杂程度,颗粒形态越复杂,其分形维数越大,当颗粒间膨胀力大于颗粒间黏结力时,土颗粒会崩解,形成若干小颗粒,此时颗粒形貌在增多。因此,随着含水率的增加,泥岩颗粒形态分形维数在增大。泥岩膨胀性越强,这种作用越明显,其颗粒形态分形维数也在增大。

2.4　压汞试验结果分析

2.4.1　压汞试验方法

选取A、B、C、D共4组原状试样,将试样切成尺寸为2mm×3mm×7mm的土条,采用真空冷冻干燥法进行干燥。试样干燥完成后,按照压汞试验规程进行试验。压汞试验原理是依据孔隙在压力作用下可以被非浸润液体填充,假设孔隙为圆柱形,孔隙半径可以通过毛细管理论计算。根据Washburn公式[12]:

$$F_0 = \frac{-2f_0\cos\varphi}{r} \tag{2-5}$$

式中,F_0为施加的压力;f_0为汞的表面张力,取0.485N/m;φ为汞与固体材料的接触角,取130°;r为孔隙半径。

2.4.2 孔径累计分布规律

将A、B、C、D共4组原状样进行压汞试验,其孔径累计分布曲线如图2-11所示。

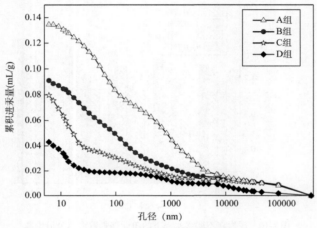

图2-11 试样孔径累计分布曲线

从图2-11可知,4组原状样的孔径累积分布曲线走势基本相似,其孔径从大孔径向小孔径变化过程中,孔径累积曲线先缓慢增长,当孔径减小至某一孔径时,孔径累积分布曲线突然发生快速增长。但不同试样,其曲线发生突然增长的节点有较大差异。在孔径累积分布曲线中,曲线发生突然增长的节点对应的孔径称为临界孔径。临界孔径反映了土中孔隙的连通性和渗透路径的曲折性。从图2-11还可知,A组试样的临界孔径为3142nm,B组试样的临界孔径为1625nm,C组试样的临界孔径为50.38nm,D组试样的临界孔径为13.72nm,可以看出泥岩的膨胀性越强,其临界孔径越小。

2.4.3 孔径密度分布规律

将A、B、C、D共4组原状样进行压汞试验,其孔径密度分布曲线如图2-12所示。

从图2-12可知,原状泥岩的纳米级孔径密度分布曲线差异较大,主要表现为单峰分布和三峰分布,其中A、B组试样的孔径密度分布曲线为三峰分布,C、D组试样的孔径密度分布曲线为单峰分布。结合表2-1可知,A、B组试样的黏土矿物含量较少,膨胀性较弱,而C、D组试样的黏土矿物含量较多,膨胀性较强,即膨胀性较低时泥岩的孔径密度分布曲线表现为三峰分布,膨胀性较高时泥岩的孔径密度分布曲线表现为单峰分布。由图2-12还可知,单峰分布的孔径密度分布曲线,其峰值在小孔隙(6~100nm)范围内,三峰分布的孔径密度分布曲线,其峰值在三个孔径范围内:小孔隙(6~100nm)、中孔隙(100~7000nm)、大孔隙(7000~30000nm)。由于黏土矿物颗粒较细,当试样中黏土矿物含量较多时,试样的整体颗粒较细,试样中的孔隙孔径也相应较小;试样中黏土矿物含量较少时,试样的整体颗粒较粗,试样中的孔隙孔径也相应较大[13-14]。

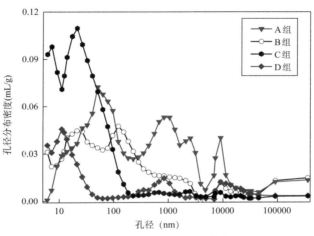

图2-12 试样孔径密度分布曲线

本章参考文献

[1] 胡瑞林,向全.黏性土微结构定量模型及其工程地质特征研究[M].北京:地质出版社,1995.

[2] 国家铁路局.铁路工程特殊岩土勘察规程:TB 10038—2022[S].北京:中国铁道出版社,2022.

[3] 肖立志.核磁共振成像测井与岩石核磁共振及其应用[M].北京:科学出版社,1998.

[4] 薛苗苗,章海宁,刘堂晏,等.定量评价储层孔隙结构的新方法[J].测井技术,2014,38(1):59-64.

[5] 李杰林,朱龙胤,周科平,等.冻融作用下砂岩孔隙结构损伤特征研究[J].岩土力学,2019,40(9):3524-3532.

[6] MARTIN O, MILOSLAV K. Rock pore structure as main reason of rock deterioration[J]. Studia Geotechnica et Mechanica, 2014, 36(1): 79-88.

[7] 李杰林,刘汉文,周科平,等.冻融作用下岩石细观结构损伤的低场核磁共振研究[J].西安科技大学学报,2018,38(2):266-272.

[8] 何雨丹,毛志强,肖立志,等.利用核磁共振T_2分布构造毛管压力曲线的新方法[J].吉林大学学报,2005,35(2):177-181.

[9] YAN Z C, CHEN C S, FAN P X, et al. Pore structure characterization of ten typical rocks in

China[J]. Electronic Journal of Geotechnical Engineering, 2015, 20(2): 479-494.

[10] CHALMERS G R L, BUSTIN R M. Porosity and pore size distribution of deeply-buried fine-grained rocks: Influence of diagenetic and metamorphic processes on shale reservoir quality and exploration[J]. Journal of Unconventional Oil and Gas Resources, 2015, 12:134-142.

[11] 李建东,王旭,张延杰,等.F1离子固化剂加固黄土强度及微观结构试验研究[J].东南大学学报(自然科学版),2021,51(4):618-624.

[12] WASHBURN E W. Note on a method of determining the distribution of pore sizes in a porous Material[J]. Proceedings of the National Academy of Sciences, 1921, 7(4): 115-116.

[13] 马丽娜,李佳敏,王起才,等.上覆荷载影响下膨胀土微观机理孔隙特征[J].兰州大学学报(自然科学版),2021,57(3): 318-322.

[14] 张唐瑜,马丽娜,张戎令,等.基于MIP的压实作用对"微膨胀性"重塑泥岩微观结构影响分析[J].工程地质学报,2019,27(4): 717-722.

3 红层泥岩膨胀性定量评定

依据《铁路工程特殊岩土勘察规程》(TB 10038—2022)中膨胀岩的判定方法可知[1]，西部某客运专线上拱病害地段（路堤、路堑、过渡段）地基的红层泥岩为弱膨胀或者无膨胀，但其吸水后仍表现出一定微膨胀量，微膨胀量随时间长期的积累是导致西部某客运专线路基上拱的主要原因之一。因此，现有膨胀岩判定标准对无砟轨道铁路已不再适用，需要重新对微膨胀泥岩膨胀性进行分类分级，提出针对高速铁路无砟轨道地基微膨胀泥岩分类分级的方法。本章选取等效蒙脱石含量、自由膨胀率、阳离子交换量和液限为泥岩膨胀性判定指标，通过西部某客运专线上拱地段大量钻孔实测资料，提出了泥岩膨胀等级分级标准，进而采用改进层次分析法、基尼系数法和相对熵理论确定了判定指标组合权重，并基于线性综合评定法建立了泥岩微膨胀性定量评定模型，最后通过室内试验验证了泥岩膨胀性定量评定及分级方法的适用性。

3.1 泥岩膨胀性判定

3.1.1 泥岩膨胀性判定试验方法

综合已有研究成果并结合现有《铁路工程特殊岩土勘察规程》(TB 10038—2022)（简称"铁路规范"）、《公路工程地质勘察规范》(JTG C20—2011)（简称"公路规范"）、《膨胀土地区建筑技术规范》(GB 50112—2013)（简称"建筑规范"）[1-3]，使用蒙脱石含量、自由膨胀率、阳离子交换量作为微膨胀泥岩膨胀性判定指标，但存在部分土样的蒙脱石含量为0.0%情况，故还考虑了伊利石和高岭石[4]；另一方面，已有研究表明液限对泥岩膨胀性判定敏感程度较高[5]，故分别开展黏土矿物含量试验、自由膨胀率试验、阳离子交换量试验和液限试验。黏土矿物含量采用X射线衍射仪测定，自由膨胀率试验和液限试验依据《铁路工程土工试验规程》(TB 10102—2023)[6]进行，阳离子交换量试验依据《铁路工程岩土化学分析规程》(TB 10103—2008)[7]进行。选取典型的30组土样，试验结果见表3-1。

泥岩黏土矿物含量及膨胀指标试验结果　　　　表3-1

土样编号	蒙脱石(%)	伊利石(%)	高岭石(%)	自由膨胀率(%)	阳离子交换量(mmol/kg)	液限(%)
1	1.6	2.3	5.4	29.9	159.6	25.6
2	2.8	5.6	3.4	39.8	226.6	36.5
3	2.7	6.2	7.2	36.9	306.7	38.5

续上表

土样编号	蒙脱石（%）	伊利石（%）	高岭石（%）	自由膨胀率（%）	阳离子交换量（mmol/kg）	液限（%）
4	1.2	8.4	5.8	19.6	156.2	23.2
5	0.8	4.9	4.3	25.8	146.9	25.9
6	2.2	3.2	2.3	28.7	209.2	26.4
7	2.9	3.2	0.0	37.5	226.9	38.9
8	0.8	2.1	8.6	23.4	162.3	22.8
9	0.9	6.6	7.8	28.6	147.6	25.6
10	1.9	0.8	0.6	37.9	186.5	38.6
11	3.9	3.3	5.6	25.5	165.6	27.9
12	4.2	8.2	5.1	43.6	255.6	36.8
13	2.4	5.9	6.6	22.7	309.6	29.6
14	1.9	7.8	6.1	43.9	326.8	49.1
15	0.8	5.6	0.0	29.6	158.6	21.6
16	1.5	3.1	2.8	22.1	153.1	23.9
17	2.8	8.5	4.6	32.9	155.7	36.0
18	0.6	5.6	0.0	16.5	138.6	19.0
19	2.6	3.4	2.3	32.8	219.6	34.3
20	4.3	0.8	0.0	37.6	226.8	39.4
21	3.5	2.9	6.8	38.5	213.5	31.6
22	0.0	3.9	4.2	13.2	98.5	21.8
23	2.2	3.6	0.0	29.3	215.4	27.9
24	3.7	0.8	1.2	38.8	198.4	35.9
25	1.8	0.6	1.2	35.4	185.7	34.1
26	0.0	2.5	3.8	20.9	158.4	18.5
27	3.8	4.9	8.5	38.7	235.4	37.6
28	5.4	3.9	4.7	45.4	289.4	42.5
29	3.7	0.5	4.2	39.8	232.6	32.5
30	2.1	1.2	8.5	32.6	308.9	34.6

3.1.2 泥岩膨胀性分类结果初步分析

依据表 3-2 对所取泥岩膨胀等级进行判定，有 27 组土样的自由膨胀率、蒙脱石含量、液限判定结果达到一致，为无膨胀性。依据单个指标得到泥岩膨胀性统计结果见表 3-3。

泥岩膨胀潜势分级方法　　　　　　　　　　　　　　　　　表3-2

分级指标	无膨胀性	弱膨胀性	中膨胀性	强膨胀性	出处
自由膨胀率(%)	<40	40~60	60~90	≥90	铁路规范[1]
	<70	70~90	90~100	≥100	孙小明[8]
	<40	40~60	60~90	≥90	公路规范[2]
	<40	40~65	65~90	≥90	陈善雄[9]
	<40	40~65	65~90	≥90	建筑规范[3]
蒙脱石含量(%)	<7	7~17	17~27	≥27	铁路规范[1]
	—	<10	10~30	≥30	何满潮[10]
	<10	10~30	30~60	≥60	朱训国[11]
	<7	7~15	15~25	≥25	巫茂寅[12]
阳离子交换量(mmol/kg)	<170	170~260	260~360	≥360	铁路规范[1]
	<120	120~260	260~360	≥360	崔晓宁[13]
	<165	165~255	255~355	≥355	巫茂寅[12]
液限(%)	<40	40~50	50~70	≥70	陈善雄[9]
	<40	40~50	50~60	≥60	杨世基[14]
	<40	40~50	50~70	≥70	巫茂寅[12]

泥岩膨胀性判定结果统计　　　　　　　　　　　　　　　　表3-3

判定指标	无膨胀性	弱膨胀性	中膨胀性	强膨胀性
蒙脱石含量(%)	30	0	0	0
自由膨胀率(%)	27	3	0	0
阳离子交换量(mmol/kg)	12(铁路规范[1])	13(铁路规范[1])	5(铁路规范[1])	0(铁路规范[1])
	1(崔晓宁[13])	24(崔晓宁[13])	5(崔晓宁[13])	0(崔晓宁[13])
	10(巫茂寅[12])	13(巫茂寅[12])	7(巫茂寅[12])	0(巫茂寅[12])
液限(%)	28	2	0	0

从表3-3可知,蒙脱石含量判定结果中无膨胀性土样占总土样组数为100%;自由膨胀率判定结果中有27组土样为无膨胀性,仅有3组土样为弱膨胀性,无膨胀性土样占总土样组数的90%;阳离子交换量判定结果中大约有25组土样被判定为非~弱膨胀性,占总土样组数的83%;液限判定结果中有28组土样被判定为无膨胀性,占总土样组数的93%。综上所述,该地基泥岩中大约有90%的土样为无膨胀性。但西部某客运专线在运营过程出现多处路基严重上拱病害,最高点比设计高程高约48mm[15],而微膨胀性泥岩是导致路基上拱变形重要原因[16-17]。然而,西部某普通铁路在几十年运营中未出现如此严重的路基上拱问题,这是因为已有膨胀岩(土)判定标准对普通有砟轨道是适用的,普通有砟轨道变形调节能力强,微膨胀性泥岩吸水产生微小膨胀变形不会对列车安全运营造成影响,但西部某客运专线属于无砟轨道铁路,其轨面平顺性可调降低空间仅有4mm[18],毫米级上拱变形将对无砟轨道铁路产生

危害。因此,现有膨胀岩(土)判定标准不再适用于高速铁路无砟轨道地基泥岩膨胀性判定,故需重新对高速铁路无砟轨道地基泥岩膨胀性进行评定。

3.2 泥岩膨胀等级分类

3.2.1 泥岩膨胀性判定指标选取

蒙脱石由两层硅氧四面体中间夹着一层由铝氧八面体组成的"三明治"结构,晶格之间的氧层相连接,具有极弱键和良好解理,使极性水分子容易进入单位晶层间形成水膜,产生晶格扩张,致使土体膨胀。因此,蒙脱石是膨胀岩具有膨胀性的关键,可作为西部某客运专线地基泥岩膨胀性判定和分类指标。但从表3-1可知,部分泥岩中蒙脱石含量为0.0%,而经X射线衍射仪测试可知泥岩中还含有伊利石和高岭石,尽管伊利石和高岭石的膨胀性比蒙脱石膨胀性低,但考虑到无砟轨道对路基上拱要求严格性,应综合考虑三者在泥岩中含量,等效计算公式如式(3-1)所示[19]:

$$m_e = m_0 + \frac{i_0}{10} + \frac{k_0}{60} \tag{3-1}$$

式中,m_e 为等效蒙脱石含量(%);m_0 为蒙脱石含量(%);i_0 为伊利石含量(%);k_0 为高岭石含量(%)。

仅考虑等效蒙脱石含量不太全面,结合现有铁路规范将等效蒙脱石含量、自由膨胀率、阳离子交换量作为无砟轨道地基泥岩膨胀性判定指标。根据表3-1中数据,绘制等效蒙脱石含量与自由膨胀率、阳离子交换量、液限的关系图,如图3-1~图3-3所示。

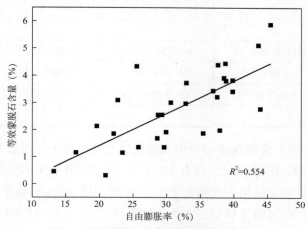

图3-1 等效蒙脱石含量与自由膨胀率关系图

由图3-1可知,相关系数 $R^2=0.554$,该系数偏低可能与自由膨胀率试验本身局限性有关。已有研究表明:自由膨胀率试验因操作过程中极易出现土碾碎程度不一致,以及不同试验人员采用同一标准量筒所量取土样密度存在10%以上差值等情况,使试验结果存在不唯一性[5],故该指标可靠性及能否反映岩体膨胀性等一直存在争议。但自由膨胀率因试验方法简单易行、所需设备少、试验周期短等特点,尽管不宜作为泥岩膨胀性判定单一指标,但仍可作为一项辅助判定指标。

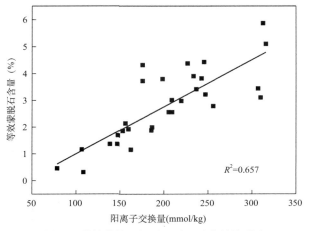

图3-2 等效蒙脱石含量与阳离子交换量关系图

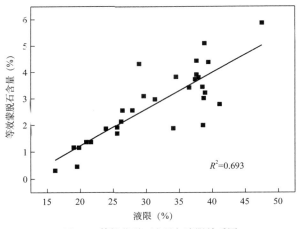

图3-3 等效蒙脱石含量与液限关系图

由图3-2可知,相关系数$R^2=0.657$,稍高于自由膨胀率。阳离子交换量是黏土矿物具有的一种重要物理化学性质。不同类型黏土矿物,因其晶格边缘产生的电荷会吸附阳离子,并达到平衡状态,以及晶格同晶置换作用和裸露在氢氧基上氢活性与数量不相同,导致不同黏土矿物阳离子交换性能上区别较大。因此,阳离子交换量是一种反映膨胀岩膨胀特征的指标。

由图3-3可知,相关系数$R^2=0.693$,稍高于阳离子交换量。土体界限含水率是反映土粒与水相互作用灵敏指标之一,在一定程度上反映了土体亲水性能,与土颗粒组成、黏土矿物成分、比表面积等有着十分密切关系。一般膨胀土是具有高塑性的黏土,液限越高则土体膨胀潜势越大。因此,将液限作为泥岩膨胀性判定指标是可行的。

3.2.2 泥岩膨胀等级分级标准

由钻芯取样试验结果可知,等效蒙脱石含量变化区间为0.08%~6.57%,考虑到铁路规范和已有研究中将蒙脱石含量7%作为膨胀土与非膨胀土界限值[1,12],因此将等效蒙脱石含量7%作为微膨胀泥岩中强膨胀性的上限值,在0%~7%之间对其进行分级。已有研究中将自由膨胀率和液限的膨胀性与非膨胀性分级界限值定为40%[1,5,20],由于大量地基泥岩实测值中仅有小部分土样自由膨胀率和液限大于40%,而没有超过50%,故将强膨胀性泥岩自由膨胀率和液限上限定为50%,在0%~50%之间对其进行分级。试验中出现阳离子交换量最大值为316.8mmol/kg,故将微膨胀泥岩中强膨胀性的阳离子交换量上限定为320mmol/kg,在0~320mmol/kg之间对其进行分级。将各个指标中泥岩膨胀性大于上限值的岩样定为具有极强膨胀性[21]。

为进一步得出合理界限值,首先对泥岩中等效蒙脱石含量进行单样本K-S检验,目的是推算总体样本是否符合正态分布、均匀分布与泊松分布的一种。经检验发现,等效蒙脱石含量分级结果服从正态分布,计算原理如下[22]:

(1)N_0:样本来自的总体服从正态分布。N_1:样本来自的总体不服从正态分布。

(2)假设N_0成立,计算D_x:

$$D_x = \max_x |S_x - F_x| \tag{3-2}$$

式中,F_x为累积概率;S_x为实际累积概率。

(3)因S_x是离散值,故对式(3-2)进行修正:

$$Z_a = \sqrt{n} \max_i \left(\left| S(x_{i-1} - F(x_i)) \right|, \left| S(x_i - F(x_i)) \right| \right) \tag{3-3}$$

式中,Z_a是检验统计量;n是样本量。

在大样本条件下,原假设N_0成立,Z_a近似服从Kolmogorov分布,其分布函数为:

$$K(x) = \begin{cases} 0 & (x < 0) \\ \sum_{j=-\infty}^{+\infty} (-1)^j \exp(-2j^2 x^2) & (x \geq 0) \end{cases} \tag{3-4}$$

计算对应概率p和检验统计量Z_a值,如显著性水平α大于p,则拒绝原假设N_0;如显著性水平α小于p,则接受原假设,通常情况下$\alpha=0.05$。采用SPSS20.0对等效蒙脱石含量进行计算,结果见表3-4。从表3-4可知,$p=0.973$,$\alpha=0.05$,因此等效蒙脱石含量总体符合正态分布。

等效蒙脱石含量K-S正态性检验结果 表3-4

判定指标	等效蒙脱石含量
K-S检验Z统计量	0.485
渐进显著性(双侧)	0.973

因等效蒙脱石含量分级结果符合正态分布,故按照泥岩膨胀等级分级后也应符合正态分布,经大量计算与统计分析最终得出等效蒙脱石含量膨胀潜势分级标准见表3-5,分级后膨胀等级与频数分布如图3-4所示。

建议的膨胀潜势分级表　　　　　　　　　　　　　表3-5

膨胀等级	等效蒙脱石（%）	自由膨胀率（%）	阳离子交换量（mmol/kg）	液限（%）	灾害风险
Ⅰ	5~7	40~50	250~320	40~50	高
Ⅱ	3~5	30~40	180~250	30~40	中等
Ⅲ	1~3	15~30	100~180	15~30	低
Ⅳ	0~1	0~15	0~100	0~15	无

注:Ⅰ-微膨胀泥岩中的强膨胀性;Ⅱ-微膨胀泥岩中的中等膨胀性;Ⅲ-微膨胀泥岩中的弱膨胀性;Ⅳ-微膨胀泥岩中的无膨胀性。

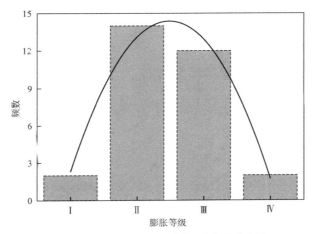

图3-4　等效蒙脱石含量膨胀等级与频数分布图

从图3-4可知,得出的膨胀等级与频数符合正态分布,故等效蒙脱石含量分级标准满足要求。等效蒙脱石含量能较好地反映泥岩膨胀特性,是表征泥岩膨胀本质特性的参数,且测试过程在X射线衍射仪上进行,测试结果可信度较高,作为泥岩判定分级指标稳定性较好。本章将等效蒙脱石含量作为地基泥岩判定与分类主要控制指标。从等效蒙脱石分级结果可知,微膨胀Ⅰ级泥岩占6.5%,微膨胀Ⅱ级泥岩占47%,微膨胀Ⅲ级泥岩占40%,微膨胀Ⅳ级泥岩占6.5%,以此为标准得出自由膨胀率、阳离子交换量和液限膨胀潜势分级标准,见表3-5。

3.2.3　泥岩膨胀潜势分级结果分析

按表3-5对表3-1中的泥岩重新分类,结果见表3-6。

建议的泥岩判定分级结果　　　　　　　　表3-6

判定指标	膨胀等级			
	Ⅳ	Ⅲ	Ⅱ	Ⅰ
等效蒙脱石含量	2	15	11	2
自由膨胀率	1	13	13	3
阳离子交换量	1	11	12	6
液限	0	14	14	2

由表3-6可知,按建议的地基泥岩分级标准进行分类,有16个样本4项指标能达到较好的一致性,占样本总数的53%;有12个样本3项指标可达到较好的一致性,占样本总数的40%;有2个样本判定时无法统一,占样本总数的7%。这是由于泥岩性质极其复杂,在判定时出现了同一试样不同指标属于不同等级情况,从而给决策和设计应用带来了困难。为避免这种情况出现,采用定量综合评定方法,综合考虑评价指标主、客观权重,建立了泥岩膨胀等级评定模型,对泥岩膨胀性进行量化,解决了同一试样不同指标属于不同膨胀等级的问题。

3.3　泥岩膨胀性定量评定模型及验证

3.3.1　基于线性评价模型的泥岩膨胀性定量评定

1)定量综合评定模型

定量评定是指当选定 m 项评价指标 $c_1,c_2,\cdots,c_m$ 时,对 n 个被评价对象进行分类或排序,通常采用如下线性综合评定模型[23]:

$$Z_i = \sum_{j=1}^{m} \varepsilon_j c_{ij} \tag{3-5}$$

式中,c_{ij} 为第 i 个评价对象的第 j 项指标经无量纲化后的值;ε_j 为评价指标权重系数($\varepsilon_j \geq 0, \sum \varepsilon_j = 1$);$Z_i$ 为第 i($i=1,2,\cdots,n$)个被评价对象综合评定值。

2)评价指标权重确定

(1)主观权重。

改进层次分析法具有适用性强和实时性高等特点,采用3标度法构造两两比较矩阵[24]:

$$C = \begin{bmatrix} C_{11} & C_{12} & \cdots & C_{1j} \\ C_{21} & C_{22} & \cdots & C_{2j} \\ \vdots & \vdots & \ddots & \vdots \\ C_{k1} & C_{k2} & \cdots & C_{kj} \end{bmatrix} \tag{3-6}$$

式中,$C_{kk}=1$;C_{kj} 为第 k 个指标相对第 j 个指标的评分;k 为元素个数。

根据比较矩阵构造判断矩阵 D:

$$D = \begin{bmatrix} D_{11} & D_{12} & \cdots & D_{1j} \\ D_{21} & D_{22} & \cdots & D_{2j} \\ \vdots & \vdots & \ddots & \vdots \\ D_{k1} & D_{k2} & \cdots & D_{kj} \end{bmatrix} \tag{3-7}$$

其中：

$$D_{kj} = \begin{cases} \dfrac{s_k - s_j}{s_{\max} - s_{\min}}(H_m - 1) + 1, s_k \geq s_j \\ \left[\dfrac{s_j - s_k}{s_{\max} - s_{\min}}(H_m - 1) + 1\right]^{-1}, s_k < s_j \end{cases} \tag{3-8}$$

式中，s_k 为矩阵 C 中第 k 行元素之和；$s_k = \sum_{j=1}^{n} C_{kj}, k = 1,2,3,\cdots,n$；$s_{\max} = \max\{s_k\}$；$s_{\min} = \min\{s_k\}$；$H_m = s_{\max}/s_{\min}$。

计算判断矩阵 D 的拟优一致矩阵 D'：

$$D' = \begin{bmatrix} D'_{11} & D'_{12} & \cdots & D'_{1j} \\ D'_{21} & D'_{22} & \cdots & D'_{2j} \\ \vdots & \vdots & \ddots & \vdots \\ D'_{k1} & D'_{k2} & \cdots & D'_{kj} \end{bmatrix} \tag{3-9}$$

其中：

$$D'_{kj} = 10^{\frac{1}{n}\sum_{h=1}^{n}(c_{kh}-c_{jh})} \tag{3-10}$$

式中，D'_{kj} 为判断矩阵第 k 个指标相对第 j 个指标拟优值。

通过求解拟优一致矩阵 D' 特征向量的方法计算出该层各指标关于上层次某指标相对权重 $\alpha=[\alpha_1,\alpha_2,\cdots,\alpha_m]$，作为该层次 n 个元素的权重向量。采用乘积方根法求解权重向量值，即：

$$\alpha_k = \left(\prod_{j=1}^{n} D'_{kj}\right)^{\frac{1}{n}} \bigg/ \sum_{k=1}^{n}\left(\prod_{j=1}^{n} D'_{kj}\right)^{\frac{1}{n}} \tag{3-11}$$

(2)客观权重。

基尼系数赋权法适用性强、保序性好，因此，客观权重法采用基尼系数（Gini Coefficient）法，具体计算过程如下[25]。

①评价指标基尼系数计算：

$$G_k = \sum_{i=1}^{n}\sum_{j=1}^{n}|Y_{ki} - Y_{kj}| \bigg/ (2n^2\mu_k) \tag{3-12}$$

式中，G_k 为第 k 个指标基尼系数；n 为指标总数据；Y_{ki} 为第 k 个指标第 i 个数据；μ_k 为第 k 个指标所有数据期望。

②评价指标基尼系数权重计算：

$$\beta_k = G_k \bigg/ \left(\sum_{i=1}^{m} G_i \right) \tag{3-13}$$

式中，β_k 为第 k 个指标基尼系数权重；m 为指标个数。

③基于相对熵组合权重。

应用相对熵组合赋权法可实现对主、客观权重的有效组合，从而获得更为合理综合权重值，其核心思想是使综合权重结果和用单一方法求得权重结果两者之间相对熵总和最小[26]。对于一个有 j 个参数指标的被评价系统，假设由改进层次分析法、基尼系数法求得权重向量分别为 α、β，它们权重分配系数为 χ 和 ξ，ε 为组合权重向量，根据相对熵思想建立求解组合权重数学模型：

$$\begin{cases} \min Q(\chi,\xi) = \sum_{j=1}^{m} \varepsilon_j \ln(\varepsilon_j/\alpha_j) + \sum_{j=1}^{m} \varepsilon_j \ln(\varepsilon_j/\beta_j) \\ \chi + \xi = 1, \varepsilon_j = \chi \cdot \alpha_j + \xi \cdot \beta_j \end{cases} \tag{3-14}$$

式中，$Q(\chi,\xi)$ 为相对熵。

此模型的解即为主、客观权重的系数 χ 和 ξ。根据求得的 χ 和 ξ 值，结合权重向量 α 和 β，可以得到被评价系统组合权重向量 ε。

3）指标无量纲化方法选取

指标无量纲化方法包括线性无量纲化和非线性无量纲化，因为非线性函数种类繁多，且非线性无量纲化方法极为复杂，根据不同对象有不同处理方法，因此只讨论线性无量纲化方法[27]，计算方法见表3-7。通过构建兼容度来测度并选择最优无量纲化方法。兼容度是由Spearman 等级相关系数经过一定变换而来，用来衡量各评价结果之间相似程度[28]。设研究问题有 m 个评价对象，n 种无量纲化方法，用 $(i=1,2,\cdots,m; j=1,2,\cdots,n)$ 表示第 i 个评价对象在第 j 种无量纲化方法评价结果的排列位次，则 Spearman 等级相关系数为：

$$r_{jk} = 1 - \frac{6\sum d_i^2}{n(n^2-1)} \quad (k=1,2,\cdots,n) \tag{3-15}$$

式中，d_i 为第 i 个评价对象在第 j 种和第 k 种评价方法中排序位次差，即 $d_i = X_{ij} - X_{ik}$。

进一步计算第 j 种评价方法平均等级相关系数[29]：

$$R_j = \frac{1}{n-1} \sum r_{jk} \quad (k=1,2,\cdots,n) \tag{3-16}$$

这里将 R 定义为兼容度，在某种无量纲化方法下各种评价结果兼容度越高，则该无量纲化方法相对于其他方法越有效。

线性无量纲化方法计算表　　　　　　　　表3-7

无量纲化方法	公式形式	备注
Z-Score法	$y = \dfrac{x - \bar{x}}{s}$	$\bar{x}$ 为指标 x 的均值；s 为样本方差

续上表

无量纲化方法	公式形式	备注
极差化法	$y = \dfrac{x - x_{\min}}{x_{\max} - x_{\min}}$	$x_{\min}$为指标x的最小值，$x_{\max}$为指标x的最大值
极大化法	$y = \dfrac{x}{x_{\max}}$	$x_{\max}$为指标x的最大值
极小化法	$y = \dfrac{x}{x_{\min}}$	$x_{\min}$为指标x的最小值
均值化法	$y = \dfrac{x}{\bar{x}}$	$\bar{x}$为指标x的均值

4）泥岩膨胀性定量评定过程

（1）确定指标权重。

等效蒙脱石中的蒙脱石由两层硅氧四面体中间夹一层铝氧八面体组成"三明治"结构，使极性水分子容易进入单位晶层间，形成水膜，产生晶格扩张，致使土体膨胀。伊利石和高岭石均是层状黏土矿物，也可使极性水分子进入晶层间产生膨胀，因此从泥岩膨胀机理讲，泥岩中含有蒙脱石、伊利石和高岭石是其膨胀关键[5]，且蒙脱石含量、伊利石含量和高岭石含量测试结果误差较小，可信度较高，蒙脱石含量也是铁路规范[1]中膨胀岩（土）判定指标之一，故该指标在测试方法、泥岩膨胀机理和采用率方面均比其他指标重要。

自由膨胀率是用来评判土体膨胀性最直接、最重要的指标之一，该指标试验方法简单易行，已有研究表明自由膨胀率主观权重比液限主观权重要高[30-31]，且该指标也是铁路规范、公路规范和建筑规范采用的指标之一，因此在试验操作性、反映泥岩膨胀性和土体膨胀性指标采用情况方面均比阳离子交换量和液限高，自由膨胀率比阳离子交换量和液限重要。

阳离子交换量是黏土矿物具有的一种重要物理化学性质。不同类型黏土矿物在阳离子交换性能上区别较大[32]，且蒙脱石、伊利石、高岭石控制胀缩性通过阳离子交换起作用[33]，因此通过对泥岩中阳离子交换量进行测定，可大致了解泥岩中黏土矿物成分近似含量，同时阳离子交换量也是铁路规范采用指标之一，因此在反映泥岩膨胀性、指标采用率方面阳离子交换量比液限重要。综上所述，得出比较矩阵。矩阵中，c_1为等效蒙脱石含量，c_2为自由膨胀率，c_3为阳离子交换量，c_4为液限。

$$\text{比较矩阵} = \begin{bmatrix} C & c_1 & c_2 & c_3 & c_4 & s \\ c_1 & 1 & 2 & 2 & 2 & 7 \\ c_2 & 0 & 1 & 2 & 2 & 5 \\ c_3 & 0 & 0 & 1 & 2 & 3 \\ c_4 & 0 & 0 & 0 & 1 & 1 \end{bmatrix} \quad (3\text{-}17)$$

根据式（3-6）~式（3-11）得到评价指标主观权重，根据式（3-12）、式（3-13）得到评价指标客观权重。根据已知各个评价指标主观和客观权重，使用相对熵计算式(3-14)，借助matlab计算工具求解非线性规划最优解，计算结果如图3-5所示。

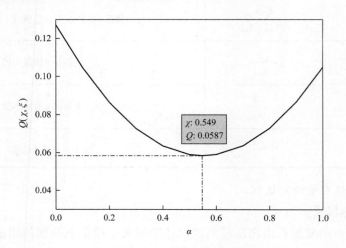

图3-5 相对熵最优解图

通过求解非线性方程组(3-14)可以得到，当 $\chi = 0.549, \xi = 0.451$ 时，组合权重与主观、客观权重相对熵最小，因此，组合权重可表示为：$\varepsilon = 0.549\alpha + 0.451\beta$。评价指标权重计算结果见表3-8。

评价指标权重　　　　　　　　　　　　　　　　　表3-8

评价指标权重	c_1	c_2	c_3	c_4
α_j	0.559	0.261	0.125	0.055
β_j	0.382	0.240	0.219	0.159
ε_j	0.479	0.252	0.167	0.102

(2)确定指标无量纲化方法。

以15组泥岩样本为例，采用无量纲化方法确定。根据表3-7得出各无量纲方法综合评定值及排序，结果见表3-9。对5种无量纲化方法得出综合评价结果，按式(3-15)和式(3-16)进行相关性分析和兼容度分析，结果见表3-10。

指标无量纲后综合评价结果及排序　　　　　　　　　　表3-9

样本	Z-Score法		极差化法		极大化法		极小化法		均值化法	
	综合值	排序	综合值	排序	综合值	排序	综合值	排序	综合值	排序
1	−0.304	11	0.368	10	0.418	10	13.375	11	0.811	10
2	0.364	4	0.614	3	0.628	3	23.043	4	1.255	3
3	0.367	3	0.657	2	0.661	2	23.503	3	1.309	2
4	−0.282	10	0.310	13	0.374	12	14.318	9	0.755	11

续上表

样本	Z-Score法		极差化法		极大化法		极小化法		均值化法	
	综合值	排序	综合值	排序	综合值	排序	综合值	排序	综合值	排序
5	−0.545	14	0.298	14	0.353	14	9.841	14	0.667	14
6	−0.057	8	0.439	9	0.483	9	17.412	8	0.961	8
7	0.281	5	0.597	4	0.608	4	21.808	5	1.209	5
8	−0.646	15	0.267	15	0.329	15	8.579	15	0.612	15
9	−0.402	12	0.337	11	0.390	11	11.897	12	0.749	12
10	−0.200	9	0.488	8	0.504	8	14.252	10	0.955	9
11	0.615	2	0.520	6	0.568	5	27.669	2	1.222	4
12	1.046	1	0.773	1	0.778	1	33.418	1	1.616	1
13	0.135	7	0.517	7	0.549	6	20.986	6	1.103	6
14	0.160	6	0.529	5	0.548	7	20.252	7	1.099	7
15	−0.543	13	0.311	12	0.370	13	9.986	13	0.693	13

注：等效蒙脱石含量、自由膨胀率、阳离子交换量、液限的最小值分别为0.08、8.0、33.6、18.7。

各种无量纲化方法评价结果相关系数 表3-10

方法	Z-Score法	极差化法	极大化法	极小化法	均值化法
Z-Score法	1.000	0.939	0.961	0.993	0.971
极差化法	0.939	1.000	0.985	0.914	0.967
极大化法	0.961	0.985	1.000	0.950	0.932
极小化法	0.993	0.914	0.950	1.000	0.979
均值化法	0.971	0.967	0.932	0.979	1.000
兼容度	0.966	0.951	0.957	0.959	0.962

从表3-10可知，Z-Score法和极小化法相关系数最大，其值为0.993。从兼容度计算结果可知，各种无量纲化方法相对有效性从高到低依次为：Z-Score法、均值化、极小化法、极大化法、极差化法。因此，从相对有效性排序可知，无量纲化方法应采用Z-Score法。但据表3-9可知，Z-Score法综合评定值出现了负值，在进行泥岩膨胀性分级时采用负值不好理解，且综合值之间离散型较小，膨胀性不能很好区分；均值化法得出综合值为正值，但其离散型也较小，膨胀性也不能很好区分；极小化法综合值为正值，且综合值之间离散程度较大，可有效区分泥岩膨胀值，同时极小化法与Z-Score法的相关性最大（Z-Score法的兼容度最高）且极小化法的兼容度较大，因此无量纲化方法应采用极小化法。

3.3.2 泥岩膨胀性定量分级标准

根据表3-5、式(3-5)和各评价指标最小值得出泥岩膨胀潜势 Z 值分级标准，见表3-11。

泥岩膨胀潜势 Z 值分级标准　　　　　　表3-11

膨胀等级	Z
Ⅰ	$33 \leqslant Z < 45$
Ⅱ	$19 \leqslant Z < 33$
Ⅲ	$7 \leqslant Z < 19$
Ⅳ	$0 < Z < 7$

由得出的评价指标权重和采用的极小化无量纲方法,根据式(3-5)计算出泥岩膨胀性定量综合值,见表3-12。

泥岩膨胀性 Z 值　　　　　　表3-12

样本编号	Z	膨胀性	样本编号	Z	膨胀性	样本编号	Z	膨胀性
1	13.4	Ⅲ	11	27.7	Ⅱ	21	25.8	Ⅱ
2	23.0	Ⅱ	12	33.4	Ⅰ	22	3.8	Ⅳ
3	23.5	Ⅱ	13	20.9	Ⅱ	23	17.5	Ⅲ
4	14.3	Ⅲ	14	19.9	Ⅱ	24	25.1	Ⅱ
5	9.8	Ⅲ	15	10.0	Ⅲ	25	13.5	Ⅲ
6	17.4	Ⅲ	16	12.7	Ⅲ	26	3.4	Ⅳ
7	21.8	Ⅱ	17	24.3	Ⅱ	27	29.1	Ⅱ
8	8.6	Ⅲ	18	8.3	Ⅲ	28	38.2	Ⅰ
9	11.9	Ⅲ	19	20.1	Ⅱ	29	25.5	Ⅱ
10	14.3	Ⅲ	20	28.8	Ⅱ	30	16.9	Ⅲ

从表3-12可知,采用线性定量综合评定方法得出的膨胀性为单一数值,对泥岩膨胀性进行了量化,克服了采用多指标判定时同一试样的不同指标属于不同等级的情况,同时给决策和设计应用带来了很大便利。

3.3.3　泥岩膨胀性定量分级标准验证

选取西部某客运专线不同里程试样,将其放入105℃烘箱烘干8h以上,击碎过2mm筛,测试土样的蒙脱石、伊利石、高岭石含量以及自由膨胀率、阳离子交换量和液限。配置试样初始含水率为15%,按照90%压实度压制成相同干密度试样,试验前一天将透水石与试样一同放在塑料袋中密封24h,使透水石与试样含水率一致。将制好试样放入杠杆式双联固结仪中,并施加1kPa预压力,使试样和仪器紧密接触,测记初始读数后卸去预压力。向容器内注入纯水,并保持水面高出试样顶面5mm,开始试验。泥岩遇水后会发生膨胀变形,此时百分表读数会增大,采用平衡加荷法测定泥岩膨胀力。具体步骤为,在双联固结仪加压杠杆端挂塑料桶,调整百分表初始值为1.00mm,当百分表数值增大时,表明试样开始膨胀,此时在塑料桶内加入细沙,加细沙时要分级加入塑料桶内,避免一次加入量过大造成误差,加沙结束后要保证百分表读数回到初始值(1.00 mm)。泥岩吸水后膨胀量随时间先快速增长,后缓慢增长,因此刚开始试验时每30min观测一次百分表读数,并进行一次加沙。试验进行8h后每1h观测一次百分表读数,并进行一次加沙。待2次加载后百分表读数小于0.01mm时试验结束,记录最终加载荷载,试验结果见表3-13。

膨胀力试验结果　　　　　　　　　　表3-13

土样编号	等效蒙脱石(%)	自由膨胀率(%)	阳离子交换量(mmol/kg)	液限(%)	Z	评价结果	膨胀力(kPa)
31	0.5	13.6	78.3	19.6	4.2	Ⅳ	0.00
32	0.9	14.3	89.6	21.4	6.2	Ⅳ	0.00
33	1.3	23.8	139.7	31.6	9.1	Ⅲ	0.69
34	2.2	32.6	195.7	26.4	15.1	Ⅲ	1.89
35	2.8	24.6	179.5	32.4	18.5	Ⅲ	2.45
36	3.1	34.8	199.7	35.1	21.0	Ⅱ	3.58
37	4.5	36.9	242.1	41.3	29.7	Ⅱ	4.69
38	4.3	39.4	246.7	35.8	28.1	Ⅱ	4.31
39	5.2	43.6	289.6	43.7	34.2	Ⅰ	5.68
40	6.5	48.4	309.6	47.8	42.2	Ⅰ	6.79

根据表3-13中数据,绘制 Z 值与膨胀力的关系,如图3-6所示。

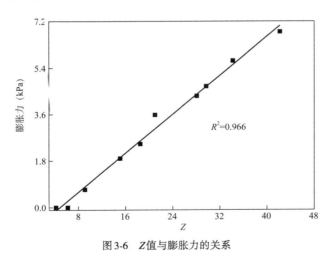

图3-6　Z 值与膨胀力的关系

从图3-6可知,相关系数 R^2=0.966,表明 Z 值与膨胀力之间有较好的相关性,说明得出的地基泥岩分类分级结果可有效区分泥岩膨胀等级,证明提出的泥岩分类分级标准和采用的线性定量综合评定方法对地基泥岩膨胀等级判定具有一定的适用性。

本章参考文献

[1] 国家铁路局.铁路工程特殊岩土勘察规程: TB 10038—2022[S].北京:中国铁道出版社, 2022.

[2] 中华人民共和国交通运输部.公路工程地质勘察规范: JTG C20—2011[S].北京: 人民交通出版社, 2011.

[3] 中华人民共和国住房和城乡建设部.膨胀土地区建筑技术规范: GB 50112—2013[S].北京:中国建筑工业出版社, 2013.

[4] 薛彦瑾, 王起才, 马丽娜, 等.高速铁路无砟轨道地基微膨胀泥岩膨胀性评价[J].铁道学报, 2022, 44(1): 105-110.

[5] 余颂, 陈善雄, 余飞, 等.膨胀土判别与分类的Fisher判别分析方法[J].岩土力学, 2007, 28(3): 499-504.

[6] 国家铁路局.铁路工程土工试验规程: TB 10102—2023[S].北京: 中国铁道出版社, 2023.

[7] 国家铁路局.铁路工程岩土化学分析规程: TB 10103—2008[S].北京:中国铁道出版社, 2008.

[8] 孙小明, 武雄, 何满潮, 等.强膨胀性软岩的判别与分级标准[J].岩石力学与工程学报, 2005, 24(1): 128-132.

[9] 陈善雄, 余颂, 孔令伟, 等.膨胀土判别与分类方法探讨[J].岩土力学, 2005, 37(12): 1895-1900.

[10] 何满潮, 景海河, 孙晓明.软岩工程力学[M].北京:科学出版社, 2002.

[11] 朱训国, 杨庆.膨胀岩的判别与分类标准[J].岩土力学, 2009, 30(S2): 174-177.

[12] 巫茂寅, 王起才, 张戎令, 等.无砟轨道路基膨胀土分类分级方法试验研究[J].公路, 2016, 61(5): 38-41.

[13] 崔晓宁, 王起才, 张戎令, 等.基于无砟轨道膨胀路基的膨胀土分类分级试验研究[J].科学技术与工程, 2017, 17(12): 248-251.

[14] 杨世基.公路路基膨胀土的分类指标[J].公路工程地质, 1997, 1(1): 1-6.

[15] 马丽娜.高速铁路路基低黏土矿物泥岩膨胀机理及影响研究[D].兰州: 兰州交通大学, 2016.

[16] 王冲, 王起才, 张戎令, 等.低黏土矿物含量泥岩的自由膨胀率试验研究[J].水利水电技术, 2018, 49(5): 123-128.

[17] 李进前, 王起才, 张戎令, 等.基于Fisher分析的高速铁路地基膨胀土判别方法[J].铁道建筑, 2017, 57(8): 73-77.

[18] 国家铁路局.高速铁路设计规范: TB 10621—2014[S].北京: 中国铁道出版社, 2014.

[19] 薛彦瑾, 王起才, 马丽娜, 等.高速铁路无砟轨道地基泥岩膨胀性分类分级研究[J].岩土力学, 2020, 41(9): 3109-3118.

[20] 宫凤强,李夕兵.膨胀土胀缩等级分类中的距离判别分析法[J].岩土工程学报,2007,29(3):463-466.

[21] 薛彦瑾,王起才,马丽娜,等.高铁地基低黏土矿物泥岩微膨胀性定量评定研究[J].岩土工程学报,2020,42(10):1832-1840.

[22] 韩建光.企业财务困境预测动态建模研究[D].哈尔滨:哈尔滨工业大学,2011.

[23] 郭亚军.综合评价结果的敏感性问题及其实证分析[J].管理科学学报,1998,1(3):28-35.

[24] 丁明,过羿,张晶晶,等.基于效用风险熵权模糊综合评判的复杂电网节点脆弱性评估[J].电工技术学报,2015,30(3):214-223.

[25] 李刚,程砚秋,董霖哲,等.基尼系数客观赋权方法研究[J].管理评论,2014,26(1):12-22.

[26] 卢纯,周开涛.基于相对熵组合赋权法的电网经济性评估[J].电力科学与工程,2017,33(11):18-23.

[27] 李玲玉,郭亚军,易平涛.无量纲化方法的选取原则[J].系统管理学报,2016,25(6):1040-1045.

[28] 何艳频,孙爱峰.Spearman等级相关系数计算公式及其相互关系的探讨[J].中国现代药物应用,2007,1(7):72-74.

[29] 张立军,袁能文.线性综合评价模型中指标标准化方法的比较与选择[J].统计与信息论坛,2010,25(8):10-15.

[30] 闻生.华电长沙电厂铁路膨胀土路堤石灰改良的试验研究[D].长沙:中南大学,2007.

[31] 尹鑫,王迎超,高杰,等.基于直觉模糊集的膨胀土胀缩性评价[J].土木工程学报,2018,51(5):103-111.

[32] 王冲.高速铁路无砟轨道地基膨胀土判别与分级研究[D].兰州:兰州交通大学,2018.

[33] 史军,胡晓威,宋常军.膨胀土胀缩等级的判别指标相关性研究[J].公路交通科技(应用技术版),2018(6):87-89.

4 红层泥岩膨胀变形室内试验研究

红层泥岩的弱膨胀性是使其膨胀变形的关键,而泥岩的膨胀变形还受到吸水率、上覆荷载、干密度等外在因素影响。本章通过开展室内原状泥岩、重塑泥岩以及模型试验,分析了泥岩吸水后的膨胀变形演化规律,探究了吸水率、上覆荷载、干密度对泥岩膨胀变形量的影响程度,获得了泥岩膨胀变形量与吸水率、上覆荷载、干密度之间的量化关系,阐明了泥岩的微膨胀变形机理,是进行红层泥岩地区高速铁路无砟轨道路基上拱机制研究的前提。

4.1 原状泥岩膨胀变形试验

4.1.1 试验方案

将取回的土样用切割机、砂纸等工具打磨成直径为8cm,高度分别为5cm、10cm、15cm、20cm的圆柱体,每个高度做2个试样,如图4-1所示。土样的基本物理指标见表4-1。

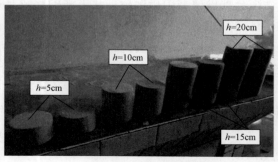

图4-1 加工好的泥岩样

土样基本物理指标 表4-1

指标	最大干密度 (g/cm³)	天然含水率 (%)	密度 (g/cm³)	自由膨胀率 (%)	液限 (%)	塑限 (%)	塑性指数
数值	1.89	6.2	1.92	54.3	36.79	16.72	20.07

试样在试验装置(图4-2)上安装好后,根据其天然含水率和质量计算出干试样质量,在天然含水率的基础上按吸水量2%的梯度,由试验装置自下而上进行注水,注水结束后每20min记录一次试验数据。由于高度不同,所有试样在每次注水后达到膨胀稳定的时间不同,应待所有不同高度试样每次注水后均达到膨胀稳定时才开始注水。试样在间隔2h后不再膨胀时,视为所有试样在该含水率下达到稳定状态,其允许膨胀量不大于0.01mm,此时

进行下一级注水,直至试验结束。试验结束的判断标准是试样加水饱和后,5h内试样膨胀量不再增长。

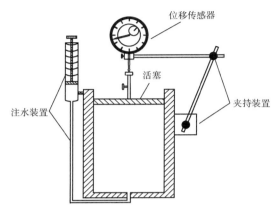

图4-2 原状泥岩膨胀变形试验装置示意图

4.1.2 试验结果及分析

1)膨胀变形量随浸水时间变化规律

按照上述试验方法对试验结果进行处理,得到泥岩在不同含水率、不同高度下的膨胀变形时程曲线,如图4-3所示。

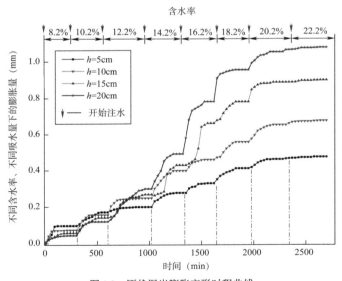

图4-3 原状泥岩膨胀变形时程曲线

从图4-3可知:

(1)在高度一定情况下,泥岩膨胀量随时间变化均呈"阶梯"形增长,并最终趋于某一稳定值。

(2)当含水率由20.2%增加至22.2%时,用时5h后观测发现,所有泥岩试样的膨胀量均不再增加,表明泥岩已达到膨胀稳定状态,而此时的含水率(20.2%)即为泥岩的饱和含水率,进一步说明泥岩的饱和含水率与其高度无关。

（3）在含水率一定且小于饱和含水率时，泥岩膨胀量随时间变化可分为三个阶段：①直线剧烈膨胀阶段，该阶段持续时间较短，约占整个膨胀时间段的10%，但膨胀量较大，约占整个膨胀量的80%；②外凸弧线减速膨胀阶段，该阶段持续时间明显增长，约占整个膨胀时间段的20%，膨胀量约占整个膨胀量的18%；③直线缓慢膨胀阶段，这一阶段的膨胀曲线近似水平线，膨胀量非常小，约占整个膨胀量的2%，但该阶段的持续时间较长，约占整个膨胀时间段的70%。说明泥岩的膨胀量在注水前期增长较快，在注水后期已逐渐趋于稳定。

（4）达到饱和含水率时，高度为5cm、10cm、15cm和20cm泥岩的膨胀量分别为0.471mm、0.671mm、0.898mm和1.076mm，即高度为10cm、15cm、20cm泥岩的最终膨胀量分别是高度为5cm泥岩最终膨胀量的1.425倍、1.903倍、2.279倍，说明泥岩的高度成比例增加时，最终膨胀量并不成比例增长[1]。

根据原状泥岩膨胀变形时程曲线，得出泥岩在不同吸水量下的膨胀量δ_i(mm)和泥岩达到饱和含水率时对应的膨胀量δ_s(mm)，将$\delta_s - \delta_i = \delta_c$记为泥岩在某一含水率下对应的过程膨胀量。$\delta_c$的物理意义为泥岩在某一初始含水率下，吸水达到饱和稳定状态时增加的膨胀量值，单位为mm。计算结果见表4-2。

不同含水率(w_0)、不同高度(h)下原状泥岩过程膨胀量（单位：mm） 表4-2

w_0(%)	h(cm)			
	5	10	15	20
8.2	0.375	0.599	0.841	1.033
10.2	0.308	0.514	0.758	0.958
12.2	0.273	0.424	0.631	0.778
14.2	0.195	0.274	0.470	0.496
16.2	0.143	0.213	0.238	0.296
18.2	0.071	0.115	0.119	0.120
20.2	0.000	0.000	0.000	0.000

2）过程膨胀量随含水率变化规律

根据表4-2中的试验数据，以含水率为横坐标，以对应含水率下的过程膨胀量为纵坐标，绘制相同高度下，不同含水率与泥岩过程膨胀量之间的关系曲线，如图4-4所示。

从图4-4可知，高度一定时，含水率越低，泥岩过程膨胀量越大，含水率越大，泥岩过程膨胀量越小，泥岩过程膨胀量随含水率的增大在逐渐减小，达到饱和含水率时，泥岩过程膨胀量为0.0mm。因为当泥岩质量一定时，则诱导泥岩发生膨胀的黏土矿物（蒙脱石、伊利石等）含量一定，当含水率较低时，水分只能与少部分黏土矿物发生物理、化学反应，此时泥岩只释放一小部分膨胀量,而大部分黏土矿物仍未与水接触,泥岩仍保留有较大的膨胀潜势,故在低含水率情况下,泥岩过程膨胀量越大;随含水率增加,水分将与大部分黏土矿物发生反应,泥岩将释放大部分膨胀量,此时在泥岩中仅保留一小部分膨胀潜势,故泥岩过程膨胀量在逐渐减小;当含水率达到饱和含水率时,泥岩中黏土矿物已完全和水反应,泥岩膨胀量已全部释放,此时泥岩再无膨胀潜势,泥岩处于膨胀稳定状态,因此过程膨胀量为0.0mm。综上所述,含水率对泥岩过程膨胀量影响较大,含水率越低,泥岩过程膨胀量越大,含水率越高,泥岩过程膨胀量越小。

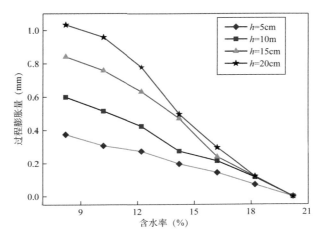

图4-4 含水率与泥岩过程膨胀量关系曲线

3)过程膨胀量随高度变化规律

根据表4-2中的试验数据,以高度为横坐标,以对应高度下的过程膨胀量为纵坐标,绘制相同含水率下,不同高度与泥岩过程膨胀量之间的关系曲线,如图4-5所示。

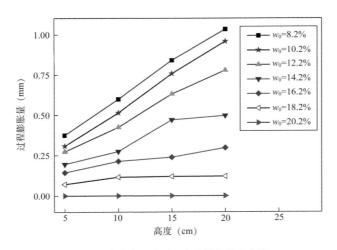

图4-5 高度与泥岩过程膨胀量的关系曲线

从图4-5可知,高度对泥岩过程膨胀量的影响随含水率不同呈现不同特点:

(1) 当 $8.2\% \leq w_0 < 16.2\%$ 时，泥岩过程膨胀量随高度的增加在逐渐增大。其原因是该试验从试样底部注水，即在每一级注水结束后，泥岩底部含水率高，顶部含水率低，故底部泥岩释放的膨胀量大，顶部泥岩释放的膨胀量小，而当泥岩高度增加时，泥岩自重相应增大，而自重对膨胀量起抑制作用，且高度越大自重越大，这种抑制作用越强，泥岩释放的膨胀量越小，则泥岩保留的膨胀潜势越大，故高度越大，泥岩的过程膨胀量越大。因此，当含水率较低($w_0 < 12.2\%$)时，过程膨胀量随高度增加呈线性增长，且增幅较大；而含水率较高($w_0 \geq 12.2\%$)时，水分将与更多黏土矿物接触，泥岩将释放更多膨胀量，虽然大高度泥岩的自重仍对其膨胀量起抑制作用，但此时的抑制作用较前一阶段有所减弱，故高度越大泥岩释放的膨胀量也越大，则泥岩保留的膨胀潜势越小，故过程膨胀量随高度增加增幅较缓。

(2) 当 $18.2\% \leq w_0 \leq 20.2\%$ 时，过程膨胀量随含水率的增大已逐渐趋于稳定，这是因为当含水率较高且接近饱和含水率时，虽然在试样底部注水，但泥岩底部和顶部的含水率差别很小，此时高度对膨胀量的抑制作用已非常小，泥岩膨胀量已基本完全释放，泥岩已趋于稳定状态，因此泥岩过程膨胀量很小，故过程膨胀量随含水率的增大已逐渐趋于稳定。

综上所述，含水率较低时，高度对泥岩过程膨胀量影响较大；含水率较高时，高度对泥岩过程膨胀量影响较小。

4) 含水率和高度耦合作用下泥岩过程膨胀量计算模型

由以上分析可知，泥岩过程膨胀量不仅与含水率有关，而且与泥岩高度有关，因此有必要研究含水率和高度耦合作用下泥岩过程膨胀量变化规律。进一步分析试验数据，发现在高度一定时，泥岩过程膨胀量 δ_c 与含水率表现出良好的对数关系，如图4-6所示，表达式见表4-3，回归方程为：

$$\delta_c = -a\ln(w_0) + b \tag{4-1}$$

式中，δ_c 为过程膨胀量(mm)；w_0 为含水率(%)；a、b 为拟合参数。

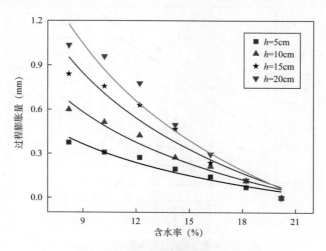

图4-6 含水率与过程膨胀量拟合关系

含水率与过程膨胀量表达式 表4-3

高度(m)	表达式	相关系数R^2
0.05	$\delta_c = -0.412\ln(w_0) + 1.2694$	0.965
0.10	$\delta_c = -0.665\ln(w_0) + 2.0417$	0.986
0.15	$\delta_c = -0.988\ln(w_0) + 3.0152$	0.964
0.20	$\delta_c = -1.256\ln(w_0) + 3.8005$	0.968

由表4-3和图4-6可知,在含水率一定的情况下,参数a、b应该与泥岩高度有关,试将参数a、b与泥岩高度进行拟合发现,参数a、b与泥岩的高度成良好的线性关系,如图4-7所示,回归方程为:

$$a = e_1 h + f_1$$
$$b = e_2 h + f_2 \quad (4-2)$$

式中,h为泥岩高度(m);e_1、f_1、e_2和f_2为拟合参数,其值分别为5.71、0.1165、17.13和0.39。

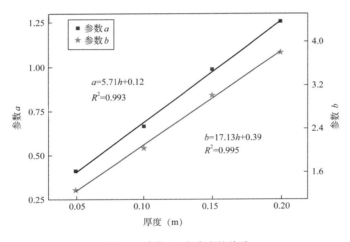

图4-7 参数a、b与高度的关系

把式(4-2)代入式(4-1),并将拟合参数e_1、f_1、e_2和f_2代入式(4-1),可以得到考虑含水率和高度耦合作用下泥岩过程膨胀量计算模型为:

$$\delta_c = -(5.71h + 0.12)\ln(w_0) + 17.134h + 0.39 \quad (4-3)$$

5)试验验证

为了验证以上计算模型的正确性,在同一试验中测得高度为6cm的泥岩在不同含水率下的过程膨胀量,用式(4-3)计算出6cm厚的泥岩在不同含水率下的过程膨胀量,并与实测值对比,如图4-8所示。

从图4-8可知,实测值与计算值有较高的相符程度,证明该计算模型是正确的,说明式(4-3)适用于泥岩在含水率和高度耦合下过程膨胀量的计算。

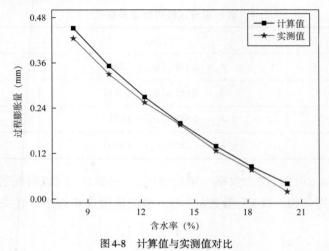

图4-8 计算值与实测值对比

4.2 重塑泥岩环刀样膨胀变形试验

4.2.1 试验方案

1)无荷膨胀率试验方案

将烘干土样碾碎过2mm筛,分别配制含水率为4%、6%、8%、10%、12%、14%、16%、18%、20%的土样,将配置好的土样放在试验盒中用湿毛巾盖住,置于保湿缸中静置一晚,使土样水分分布均匀。按照设计干密度1.4g/cm³、1.6g/cm³、1.8g/cm³制备环刀试样(ϕ61.8mm×20 mm),将制备好的试样放入膨胀仪中,盖上盖板,安装好百分表,并记录其初始读数。然后自上而下向膨胀仪中注入蒸馏水,试验中始终保持水面高出试样约5mm。每2h记录一次读数,同时记录读数时间,当相邻两次读数的差值小于0.01mm时,视为膨胀稳定。土样的基本物理指标见表4-4。

无荷膨胀率试验土样基本物理指标　　表4-4

指标	蒙脱石含量(%)	自由膨胀率(%)	阳离子交换量(mmol/kg)	塑限(%)	液限(%)	密度(g/cm³)
数值	2.1	21	175	21.35	41.20	2.43

2)有荷膨胀率试验方案

将烘干土样碾碎过2mm筛,分别配制含水率为9%、12%、15%、18%、21%的土样,将配置好的土样放在试验盒中用湿毛巾盖住,置于保湿缸中静置一晚,使土样水分分布均匀。按照设计干密度1.5g/cm³、1.6g/cm³、1.7g/cm³制备环刀试样(ϕ61.8mm×20 mm),将制备好的试样放入固结仪中,安装好百分表。按0kPa、10kPa、20kPa、30kPa、40kPa、50kPa上覆荷载一次施加,记录初始读数。然后自上而下向固结仪中注入蒸馏水,试验中始终保持水面高出试样约5mm。每2h记录一次读数,同时记录读数时间,当相邻两次读数的差值小于0.01mm时,视为膨胀稳定。土样的基本物理指标见表4-5。

有荷膨胀率试验土样基本物理指标 表 4-5

指标	蒙脱石含量（%）	自由膨胀率（%）	阳离子交换量（mmol/kg）	塑限（%）	液限（%）	密度（g/cm³）
数值	3.1	43.5	155	35.4	17.6	1.87

4.2.2 试验结果及分析

1）无荷膨胀率试验结果及分析

（1）膨胀变形量随浸水时间变化规律。

以干密度 1.6g/cm³、不同含水率的试样为例，得到无荷膨胀率时程曲线，如图 4-9 所示。

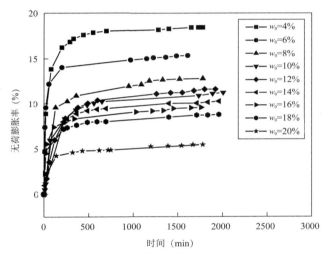

图 4-9 不同含水率下的无荷膨胀率时程曲线（干密度 1.6g/cm³）

从图 4-9 可知，无荷膨胀率时程曲线呈外凸形，其随时间增长在逐渐增大，且含水率越小，最终达到膨胀稳定时试样的无荷膨胀率越大。这是因为试样吸水后，水分会与其内部黏土矿物发生复杂的物理化学反应，通过膨胀变形的方式释放膨胀能。含水率高的试样，在闷土过程中土颗粒与水充分接触，提前释放了一部分膨胀能，试样内部储存的膨胀能降低，且干密度相同情况下，含水率越高，试样的吸水量就越少，故试样释放的膨胀能也越小。

从图 4-9 还可知，无荷膨胀率时程曲线大致可分为三个阶段：线性增长阶段（第一阶段）、减速增长阶段（第二阶段）、稳定阶段（第三阶段）。

第一阶段，前 100min 内无荷膨胀率近似线性增长。这是因为在电场力作用下，双电层中被吸附的水分子会规则排列并吸附于黏土颗粒表面，形成表面水膜，随吸水量增大，水膜变厚，黏土颗粒之间的间隙也在快速增大[1-2]；同时由于试验开始时试样含水率较低，土体吸力大，颗粒之间结合较为紧密，当试样吸水导致含水率增大时，土体吸力逐渐减小，相当于给土颗粒施加拉力，引起土颗粒间的弹性效应[3]，使试样体积迅速增大，膨胀率增大。

第二阶段，100~1440min 内无荷膨胀率减速增长。这是因为试样吸水量增大后，吸力逐渐减小,水分吸收速度较上一阶段减缓,但颗粒或聚集体间仍有水分进入,故试样仍发生膨胀变形,但变形速率相对缓慢。此阶段试验过程耗时最长,所产生的膨胀率小于第一阶段。

第三阶段,1440min以后无荷膨胀率达到稳定阶段,无荷膨胀率时程曲线趋于水平,试样达到胀限含水率,土颗粒以及聚集体间不再吸收水分,土中吸力接近于0,膨胀达到稳定状态,膨胀率不再变化。

(2)无荷膨胀率随初始含水率变化规律。

在不同干密度(ρ_{d0})条件下,无荷膨胀率随含水率变化曲线如图4-10所示。

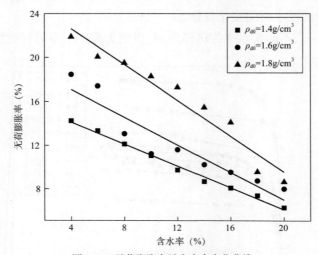

图4-10 无荷膨胀率随含水率变化曲线

从图4-10可知,在初始干密度相同情况下,无荷膨胀率随初始含水率的增大在逐渐减小,并且初始干密度越大,无荷膨胀率减小的速率越快。在初始含水率相同情况下,初始干密度越大,无荷膨胀率越大。这是因为土样初始干密度越大,同体积试样所含土样质量越多,试样中储存的膨胀能就越大,试样吸水达到胀限含水率时释放的膨胀能也越大,土样产生的膨胀变形越大,无荷膨胀率也就越大。

(3)无荷膨胀率随初始干密度变化规律。

在不同含水率条件下,无荷膨胀率随初始干密度变化曲线如图4-11所示。

从图4-11可知,土样的无荷膨胀率与初始干密度成正比例关系。初始干密度对无荷膨胀率的影响主要集中在初始含水率低于18%的土样,此时无荷膨胀率随初始干密度的增大显著增大;当初始含水率高于18%时,无荷膨胀率的增长趋于平缓,初始干密度对无荷膨胀率影响较小。

(4)含水率和干密度耦合作用下无荷膨胀率计算模型。

由于无荷膨胀率与初始含水率和初始干密度均呈较好的线性关系,因此,为定量表征初始含水率与初始干密度对土样无荷膨胀率的影响,对无荷膨胀试验数据进行拟合,如式(4-4)所示[2]。

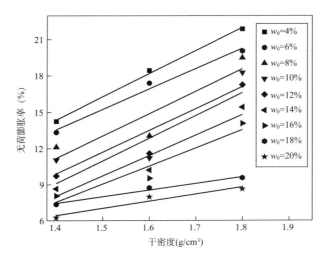

图 4-11 无荷膨胀率随初始干密度变化曲线

$$\delta_0 = aw_0 + b\rho_{d0} + c \tag{4-4}$$

式中，δ_0 为无荷膨胀率(%)；w_0 为含水率(%)；ρ_{d0} 为干密度(g/cm³)；a、b、c 为常数。拟合结果如下：

$$\delta_0 = -0.652w_0 + 14.95\rho_{d0} - 3.369 \tag{4-5}$$

将拟合结果与试验数据对比可知，相关系数 $R^2=0.919$（图 4-12），说明拟合程度较好，该公式可较为准确地反映含水率与干密度对重塑泥岩无荷膨胀率的影响。

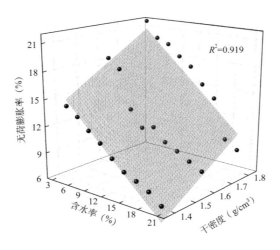

图 4-12 无荷膨胀率与初始含水率及初始干密度关系曲线

2）有荷膨胀率试验结果及分析

（1）有荷膨胀率随初始含水率变化规律。

整理不同干密度、不同上覆荷载下有荷膨胀率随含水率的试验数据，得到有荷膨胀率随含水率变化曲线，如图 4-13 所示。

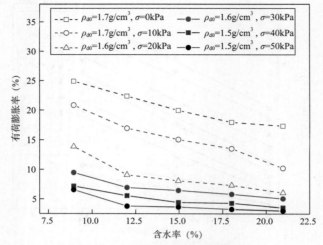

图4-13 有荷膨胀率随含水率变化曲线

从图4-13可知,在干密度、上覆荷载一定时,有荷膨胀率随含水率增大呈逐渐减小的趋势。这是因为对于黏土矿物含量一定的重塑泥岩,其膨胀潜能一定,而配制相应初始含水率的重塑泥岩会释放出一部分膨胀潜能,含水率越大,其"剩余"膨胀潜能越小,表现出的有荷膨胀率也就越小[3]。

(2)有荷膨胀率随上覆荷载变化规律。

以含水率9%、12%为例,得到不同干密度情况下有荷膨胀率随上覆荷载变化曲线,如图4-14、图4-15所示。

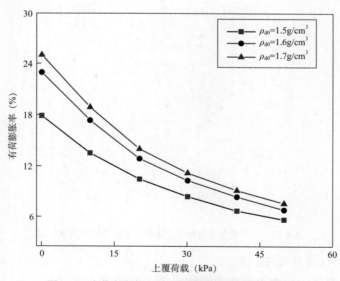

图4-14 有荷膨胀率随上覆荷载变化曲线(含水率9%)

从图4-14、图4-15可知,当含水率和干密度一定时,随上覆荷载增大,有荷膨胀率在减小。这是因为在上覆荷载增大过程中,土颗粒间传递的应力增大,进而使得土体有效应力增加，从而抑制了水分子与土颗粒中黏土矿物的结合，使黏土矿物片理结构中的水膜变薄，在宏观上表现为有荷膨胀率减小。

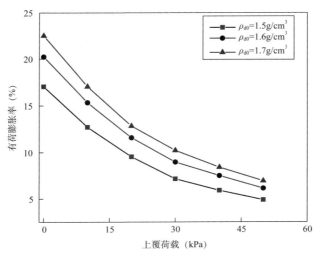

图4-15　有荷膨胀率随上覆荷载变化曲线(含水率12%)

参考韦秉旭教授[4]以及其他学者研究成果，有荷膨胀率与上覆荷载的半对数呈线性关系。现以初始含水率9%、12%为研究对象，对上覆荷载的半对数与有荷膨胀率的关系做进一步分析。现整理上覆荷载(σ=0kPa)的半对数与有荷膨胀率关系，如图4-16所示。

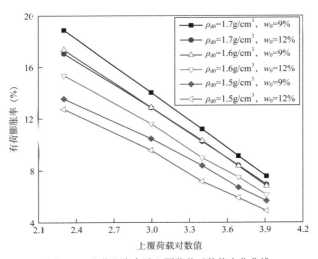

图4-16　有荷膨胀率随上覆荷载对数值变化曲线

从图4-16可知，当干密度和含水率一定时，上覆荷载的半对数与有荷膨胀率呈良好的线性关系。因此，有荷膨胀率与上覆荷载对应的函数关系为：

$$\delta_p = A \ln \sigma + B \tag{4-6}$$

式中，δ_p 为有荷膨胀率(%)；σ 为上覆荷载(kPa)；A、B 为干密度和含水率有关的参数。

3)含水率、干密度、上覆荷载耦合作用下有荷膨胀率计算模型

以干密度为 1.7g/cm³ 为例,对不同含水率条件下的有荷膨胀率随上覆荷载变化函数式进行拟合,见表 4-6。

干密度为 1.7g/cm³ 时有荷膨胀率拟合公式参数　　　　表 4-6

初始含水率(%)	A	B	R^2
9	−7.00	35.11	0.998
12	−6.32	31.52	0.982
15	−5.61	28.01	0.958
18	−5.04	25.21	0.976
21	−4.55	22.75	0.991

因为参数 A、B 与初始含水率有关,因此提取参数 A、B 与含水率的关系,如图 4-17 所示。

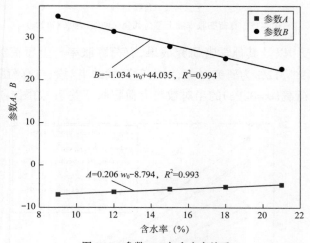

图 4-17　参数 A、B 与含水率关系

从图 4-17 可知,A、B 随初始含水率线性变化,这也与黄斌[5]等学者的研究成果一致,因此用 $A = Cw_0 + D$、$B = Cw_0 + D$ 对参数 A、B 和初始含水率进行拟合,见表 4-7。

膨胀参数 A、B 与初始含水率拟合公式　　　　表 4-7

参数	C	D	R^2
A	0.206	−8.794	0.995
B	−1.034	44.035	0.993

求得的具体参数进行替代变换,得到干密度为 1.7g/cm³ 的试样随含水率增大过程中有荷膨胀率的函数表达式:

$$\delta_\mathrm{p} = (0.206w_0 - 8.794)\ln\sigma - 1.034w_0 + 44.035 \tag{4-7}$$

式中，δ_p 为有荷膨胀率(%)；σ 为上覆荷载(kPa)；w_0 为含水率(%)。

参照干密度为 1.7g/cm³ 的试样在含水率增大过程中有荷膨胀率拟合方法，对干密度为 1.6 g/cm³、1.5 g/cm³ 的试样的有荷膨胀率进行拟合，得到各个干密度对应的有荷膨胀率拟合结果，见表4-8。

各干密度条件下试样的有荷膨胀率拟合公式　　　　　　　　　　　　表4-8

干密度(g/cm³)	计算公式
1.5	$\delta_p = (0.248w_0 - 6.421)\ln\sigma - 1.091w_0 + 32.596$
1.6	$\delta_p = (0.223w_0 - 8.505)\ln\sigma - 1.079w_0 + 41.839$
1.7	$\delta_p = (0.206w_0 - 8.794)\ln\sigma - 1.034w_0 + 44.035$

由表4-8可知，各干密度下的有荷膨胀率随含水率和上覆荷载的函数关系式可以归纳为：

$$\delta_p = (Ew_0 - F)\ln\sigma - Gw_0 + H \tag{4-8}$$

现对式(4-8)中的各项参数与干密度相关数据进行整理，见表4-9。

式(4-8)回归参数　　　　　　　　　　　　　　　　　　　　　　表4-9

干密度(g/cm³)	E	F	G	H
1.5	0.248	−6.421	−1.091	32.596
1.6	0.223	−8.505	−1.079	41.839
1.7	0.206	−8.794	−1.034	44.035

研究表明：当上覆荷载和含水率一定时，土样有荷膨胀率随干密度增大而增大，且两者呈现出良好的线性关系[6]。这是因为随干密度的增大，单位体积内的土体含有更多黏土矿物，因而在水源充足情况下会表现出更大的膨胀率。因此，当含水率和上覆荷载一定时，有荷膨胀率 δ_p 是干密度的一次线性方程。由此可见，当有荷膨胀率回归方程中的各项系数是干密度的一次线性方程时，以上关系才能成立。因此，对表4-9所列的三个干密度对应的函数式的各项系数与干密度进行分析，结果见表4-10。

各参数与干密度拟合公式　　　　　　　　　　　　　　　　　　　表4-10

参数	公式
E	$E = -0.21\rho_{d0} - 0.562$
F	$F = -11.865\rho_{d0} + 11.077$
G	$G = 0.285\rho_{d0} - 1.524$
H	$H = 57.195\rho_{d0} - 52.022$

将上述函数关系代入式(4-8)，即可得到上覆荷载、干密度、含水率耦合作用下的重塑泥岩有荷膨胀率函数式，如式(4-9)所示。

$$\delta_\text{p} = \left\{\left[(-0.21\rho_{d0}-0.562)w_0 + 11.865\rho_{d0}-11.077\right]\ln\sigma\right\} - (0.285\rho_{d0}-1.524)w_0 + 57.195\rho_{d0} - 52.022 \tag{4-9}$$

4）试验验证

在试验条件相同情况下，进行不同上覆荷载、干密度、含水率的平行试验，对式(4-9)进行验证，将理论值与实测值进行比对，结果如表4-11所示。

有荷膨胀率实测值与理论值对比表　　　　　　表4-11

组别	理论值(%)	实测值(%)	误差(%)
1	5.53	6.71	−17.68
2	7.80	7.29	7.00
3	9.34	8.63	8.23
4	21.24	18.19	16.77
5	10.19	8.73	16.72
6	15.26	13.58	12.37
7	18.72	15.72	19.08
8	7.37	6.89	6.97
9	9.85	9.67	1.86
10	16.54	14.27	15.9

从表4-11可知，误差绝对值都在20%之内，最大误差为19.08%，最小误差为1.86%，说明式(4-9)在预测有荷膨胀率时，具有一定的可靠性。但在用式(4-9)进行预测时，大部分结果偏大，只有组别1偏小，这是因为进行公式拟合时，参数较多，且参数之间互相迭代，造成了误差积累。

4.3　重塑泥岩大尺寸样膨胀变形试验

目前，膨胀岩(土)膨胀变形方面的试验，主要在固结仪上进行，由于试样尺寸小，产生的膨胀变形也小，故试验过程中人为因素、仪器误差等对试验结果影响较大，不能很好地反映试样在浸水过程中的膨胀变形规律。因此，开展重塑泥岩大尺寸样膨胀变形试验很有必要[7-8]。

4.3.1　试验方案

1）试验目的

为了使大尺寸试样能够较为均匀地浸水，一般会钻取一定数量、大小适宜的孔，并在孔中填入细砂，最后再注水。在试样中开孔，不仅使试样浸水较为均匀，且在一定程度上提高了渗水速度。但开孔会削弱试样整体膨胀量，进而使试样的膨胀潜势被低估，故对开孔造成的试样膨胀量损失必须加以考虑。因此，为了确定试样开孔对重塑泥岩膨胀量损失的影响，开展不同开孔数量的大尺寸试样膨胀变形试验，探究开孔造成的膨胀量损失与土体体积损失之间的关系,对开孔重塑泥岩的膨胀量损失进行补偿,得到重塑泥岩的真实膨胀量。

2)试验方案

选用直径32cm、高45cm的钢管桶,其中注水方式为不开孔和开孔两种。不开孔方式:试验设备底部开孔,然后孔口接注水管,该种方式采用自下而上注水。开孔方式:试样填筑时布设含有大量渗水孔的聚氯乙烯(PVC)管,管中填入细沙,试样中开孔数量分别为4、7、10个。不开孔试样无土体损失,其膨胀量也没有损耗,故不开孔土体的膨胀量可代表重塑泥岩的真实膨胀量;开孔试样由于有土体损失,其膨胀量必定有损耗。因所有试样的土质、含水率、干密度及上覆荷载相同,故不开孔试样的膨胀量与开孔试样膨胀量的差值为开孔试样膨胀量的损失量,土体的体积损失率根据开孔数量、孔径计算得到,进而得到膨胀量的损失量与土体体积损失率的关系。具体步骤为:

(1)试样制备:将泥岩碾碎,过5mm筛后分批在烘箱中烘干。

(2)试验设备:直径32cm、高45cm的钢管桶。

(3)制作注水管:注水管采用直径为2.5cm的PVC管,在注水管四周均匀钻4列渗水孔,渗水孔之间的距离为2cm,渗水孔直径为2mm,为防止注水管中的水全部涌在试样下部,在注水管底部采用胶带密封。

(4)土样制备:将烘干后的土样配制成含水率为5%的试样。

(5)土样填筑:按1.6g/cm³干密度分层击实试样,对开孔试样按照设计注水孔位置预埋注水管,注水孔位置如图4-18所示。

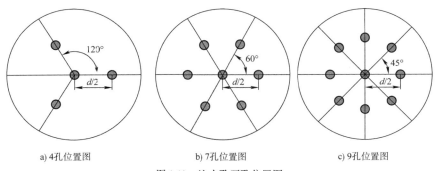

a) 4孔位置图　　b) 7孔位置图　　c) 9孔位置图

图4-18　注水孔开孔位置图

(6)百分表安装:整平试样表面,并安装百分表,之后将百分表读数作为初始值。

(7)注水:按5%的梯度注水,每隔2h记录一次数据,待两次读数之差小于0.01mm时,认为本次注水后试样膨胀稳定,然后进行下一级注水,直至试样膨胀稳定。试验土体的基本物理指标见表4-12。

试验土体基本物理指标　　　　表4-12

指标	密度 (g/cm³)	天然含水率 (%)	蒙脱石含量 (%)	自由膨胀率 (%)	阳离子交换量 (mmol/kg)	液限 (%)	塑限 (%)
数值	1.88	3.3	2.1	35.1	110.5	42.1	15.5

4.3.2 试验结果及分析

1) 膨胀变形量随浸水时间变化规律

完成不开孔及开孔试样的浸水膨胀变形试验,得到膨胀量时程曲线,如图4-19所示。

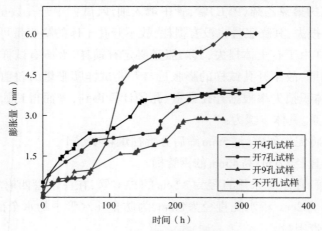

图4-19 膨胀量时程曲线

从图4-19可知,不开孔试样与开孔试样在浸水后的膨胀量时程曲线差异较大。开孔试样的膨胀量时程曲线趋势基本一致,膨胀量初期增速很大,之后增速逐渐减小,最终趋于稳定。这是因为试验初期土体含水率低,当有水分入渗时,土体吸水速度快,其膨胀量增长也较快。随水分持续向土体入渗,一方面导致土体含水率增大、吸力降低,另一方面土体膨胀时会填充部分孔隙,导致水分渗透速率降低,从而土体膨胀量增速在逐渐减小。不开孔试样初期膨胀量增速较小,之后增速突然变大,接着增速逐渐减小,最终趋于稳定。这是因为底部注水时,试验初期只有底部土体有水,也只有底部土体发生膨胀,但上部土体自重会抑制底部土体的膨胀变形,故试验初期土体整体膨胀量增速较小;随水分持续地渗入,底部土体饱和,水分渗入上中部土体,上中部土体开始发生膨胀,增长速度迅速变大,当上中部土体饱和时,水分渗入速度变慢,其增长速度也逐渐减小并趋于稳定。

从图4-19可知,所有试样的膨胀量时程曲线在试验末期增速均会突然增大,但在突然增大之前,膨胀量已保持较长时间的缓慢增长。这是因为试验末期的试样已趋于饱和,其膨胀量随时间缓慢增长,当继续注水时,试样不能容纳更多水分,多余水分会从试样表面溢出,从而将百分表支板浮起,导致试样膨胀量从表象上突然增大。因此,在所有试样的膨胀量时程曲线中,试验末期突然增大之前的膨胀量才是该试样的真实膨胀量。

从图4-19还可知,试样开孔数量越多,前期膨胀量增速越快,且膨胀量增长至稳定时所需时间越短。这是因为开孔数量越多,水分向土体渗透的路径越多,故土体膨胀量增速也越快,完成膨胀所需要时间也越短。

2) 土体体积损失率与膨胀量损失量之间的关系

将图4-19中所有试样曲线末期的膨胀量突然增长部分去除,得到试样的真实膨胀量。不开孔试样的真实膨胀量为5.6mm,开4、7、9孔试样真实膨胀量分别为4.1mm、2.8mm、1.8mm。开4、7、9孔试样的膨胀量的损失量分别为1.5mm、2.8mm、3.8mm。可以看出,不开孔试样的真实膨胀量最大,开孔试样的真实膨胀量均小于不开孔试样的真实膨胀量,开孔试样的真实膨胀量随开孔数增加在减小。试样开孔将对其真实膨胀量造成损失,且开孔越多,膨胀量损失越大。对试样开孔也会产生土体体积损失,试样损失体积与试样总体积比值称为试样的体积损失率。

由于注水管直径为2.5cm,试样高度40cm,试样直径为32cm,故开4、7、9孔试样的体积损失率分别为2.44%、4.26%、5.48%。不开孔试样的体积损失率为0.0%。试样膨胀量的损失量与土体体积损失率的关系如图4-20所示。

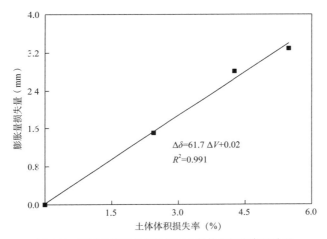

图4-20 试样膨胀量的损失量与土体体积损失率的关系

由图4-20可知,试样膨胀量的损失量与试样体积损失率之间呈正相关关系,相关系数$R^2=0.991$,其关系式为:

$$\Delta\delta = 61.7\Delta V + 0.02 \quad (0\% < \Delta V < 5.48\%) \tag{4-10}$$

式中,$\Delta\delta$为膨胀量的损失量(mm);ΔV为土体体积损失率(%)。

从式(4-10)可知,在进行大尺寸重塑泥岩浸水膨胀试验时,开孔可以提高注水效率,但是会对试验土体的膨胀量产生损失。因此,在进行大尺寸泥岩浸水膨胀变形试验时,必须考虑注水孔引起的土体损失而导致的膨胀量损失,采用式(4-10)可计算膨胀量的损失量,从而进行膨胀量补偿,以得到大尺寸泥岩浸水膨胀后的真实膨胀量。

4.4 重塑泥岩室内模型试验

4.4.1 试验方案

通过进行3种不同高度重塑泥岩室内模型试验,探究重塑泥岩浸水后的膨胀变形规律以及高度与膨胀量的关系。具体试验步骤为:

(1)土样制备:将泥岩风干碾碎,过5mm筛后分批在烘箱中烘干。

(2)准备试验设备:试验箱体长、宽、高分别为100cm、62.5cm、70cm,箱体材质为钢材。

(3)试样制备:将烘干样分批配制成含水率为5%的试样,密封48h,使含水率均匀。

(4)试样击实:将试样装入试验箱,按1.6g/cm³干密度分层击实,击实过程中布设注水管,注水管位置如图4-21所示。

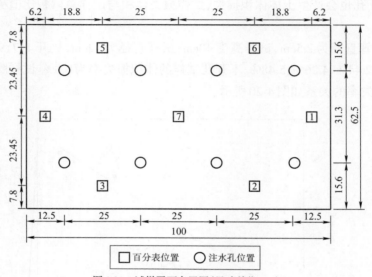

图4-21 试样平面布置图(尺寸单位:cm)

(5)安装百分表:将表面清理平整,并安装百分表,百分表位置如图4-21所示,然后进行读数,作为初始值。

(6)注水:模型试验尺寸较大,采用2%的梯度注水,每2h记录一次数据,若两次读数之差小于0.01mm,认为本次注水之后试样膨胀稳定,进行下一级注水,直至百分表稳定,表明试样整体膨胀完成。

试验的主要过程,如图4-22、图4-23所示。

图4-22 击实试样

图 4-23 试样表面布置

4.4.2 试验结果及分析

1)膨胀变形量随浸水时间变化规律

按照试验方案对试验数据进行处理,得到3种不同高度重塑泥岩的膨胀量随时间的变化曲线,如图4-24所示。

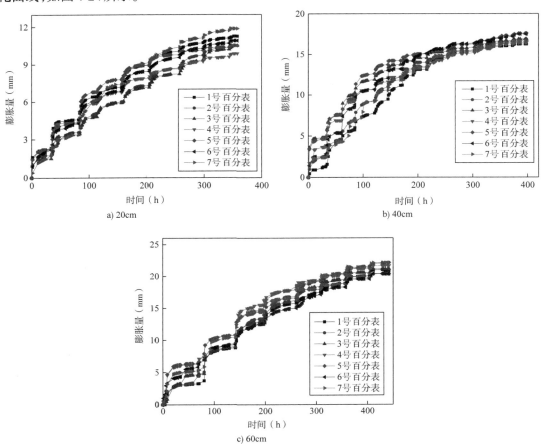

图 4-24 不同高度重塑泥岩膨胀量随时间变化曲线

从图4-24可知,不同高度重塑泥岩的膨胀量随时间变化曲线基本一致,均呈外凸形阶梯状增长,试验前期膨胀量随时间增速较快,试验中期增速缓慢,试验后期趋于稳定,每级注水后,膨胀量有一次较大的增长。三种不同高度试样完成整个膨胀所用时间也不相同,20cm、40cm、60cm高度试样完成整个膨胀过程所用时间分别为358h、398h、442h,试样高度越大,所用时间越长。试样在不同浸水阶段的膨胀潜势不同,当含水率低时,试样会表现出较大的膨胀潜势,当含水率高时,试样表现出较小的膨胀潜势。不同高度试样在不同位置测得的膨胀量随时间变化曲线各不相同,当高度为20cm时,7个百分表测得的膨胀量随时间变化曲线比较分散,且差异也越大,当高度为40、60cm时,7个百分表测得的膨胀量随时间变化曲线比较集中,且差异较小。这是因为在试样击实过程中,不能保证各部分密实度一致,试样高度越小,越难控制试样各部分密实度的一致性,从而表现出不同位置处的膨胀量随时间变化曲线差异较大[9]。

2) 不同高度下重塑泥岩膨胀量变化规律

从图4-24还可知,各百分表的最终膨胀量虽有一定差异,但均在一定范围内,20cm高度试样最终膨胀量在10mm左右,平均值为10.797mm;40cm高度试样最终膨胀量在17mm左右,平均值为16.890mm;60cm高度试样最终膨胀量在21mm左右,平均值为21.200mm。

三种不同高度试样中均埋置了注水管,其对试样膨胀量有影响,故需要对膨胀量的损失量进行计算,确定试样的未开孔膨胀量。由图4-21中注水管布置方式、试样高度计算得到三个试样的体积损失率均为0.63%,由式(4-10)得到三个试样未开孔膨胀量的损失量为0.41mm,未开孔膨胀量的损失量与未开孔膨胀量相比较小。这是因为注水管尺寸相比试样尺寸要小,由注水管造成的土体损失很小,注水管造成的横向刚度削弱也较小,故开孔造成的试样膨胀量的损失量也较小。20cm、40cm、60cm高度试样的未开孔时的膨胀量分别为11.207mm、17.300mm、21.600mm。未开孔膨胀量与高度的关系曲线如图4-25所示。

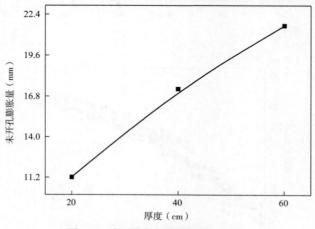

图4-25 未开孔膨胀量与高度关系曲线

从图4-25可知,试样未开孔膨胀量随高度的增大而增大,但增幅却随高度的增加而减小。这是因为试样高度越大,下部土体受到的上部土体自重作用越大,导致高度越大的土体,下部土体密实度越高,水分越难渗入,下部土体饱和含水率将比上部土体低,下部土体发挥的膨胀潜能比上部土体小。通过进行三种不同高度试样的开孔膨胀量试验可知,试样开孔膨胀量虽会随高度增加,但增幅会持续衰减。从理论方面看,试样高度持续增加,下部土体将受到更大的上覆压力,而上覆压力会抑制试样膨胀,高度越大,这种抑制作用越强,当上覆压力增大至与试样膨胀力相当时,下部试样不再发生膨胀,故试样高度增大至某一程度时,开孔膨胀量不再增长[10]。

3)不同上覆荷载下未开孔膨胀量变化规律

三个不同高度试样,可看成是20cm试样承受不同上覆荷载。将40cm试样分成上下两半,下半部分20cm试样相当于承受20cm厚土样自重作用的上覆荷载,将60cm高试样分成下半部分20cm、上半部分40cm,下半部分20cm试样相当于承受40cm厚土样自重作用的上覆荷载。试验土样干密度为1.6g/cm³,胀限含水率为23%左右,从而得到20cm厚试样自重应力为3.736kPa,40cm厚试样自重应力为7.472kPa,进而得到不同上覆荷载下未开孔膨胀量变化曲线,如图4-26所示。

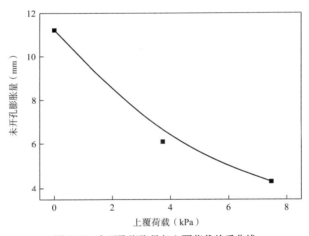

图4-26 未开孔膨胀量与上覆荷载关系曲线

从图4-26可知,未开孔膨胀量随上覆荷载增大而减小,上覆荷载从0kPa增长至3.736kPa时,试样未开孔膨胀量减小幅度很大,膨胀量仅是无上覆荷载下试样膨胀量的54%,因土体无上覆荷载,其膨胀潜势可完全释放。当土体受3.736kPa的上覆荷载时,土体膨胀受到约束,上覆荷载抑制了土体的大部分膨胀潜势。当上覆荷载从3.736kPa增大至7.472kPa时,会进一步抑制土体膨胀,但相比于无上覆荷载时,土体已更加密实,上覆荷载对未开孔膨胀量抑制作用会相对较小,故土体上覆荷载从3.736kPa变化到7.472kPa时,土体未开孔膨胀量的减小幅度要比荷载从0kPa变化到3.736kPa时未开孔膨胀量的减小幅度小。

本章参考文献

[1] 薛彦瑾,王起才,张戎令,等.高速铁路地基膨胀土膨胀变形试验研究[J].铁道科学与工

程学报, 2017, 14(4): 690-696.

[2] 李佳敏, 马丽娜, 张戎令, 等. 含水率及干密度对高铁泥岩地基土无荷膨胀率的影响[J]. 水资源与水工程学报, 2019, 30(6): 230-234.

[3] 崔晓宁, 王起才, 张戎令, 等. 荷载条件下兰新铁路地基泥岩吸水变形试验[J]. 中国地质灾害与防治学报, 2018, 29(3): 127-132.

[4] 韦秉旭, 周玉峰, 刘义高, 等. 基于工程应用的膨胀土本构模型[J]. 中国公路学报, 2007 (2): 18-22+50.

[5] 黄斌, 程展林, 徐晗. 膨胀土膨胀模型及边坡工程应用研究[J]. 岩土力学, 2014, 35(12): 3550-3555.

[6] 李振, 邢义川. 侧限条件下膨胀土增湿变形计算模式研究[J]. 西北农林科技大学学报(自然科学版), 2011, 39(5): 215-222.

[7] 李进前, 王起才, 张戎令, 等. 注水方式对膨胀土膨胀量的影响研究[J]. 水利水电技术, 2018, 49(6): 179-184.

[8] 李进前, 王起才, 张戎令, 等. 膨胀土增湿过程中膨胀规律的试验研究[J]. 水利水运工程学报, 2018(3): 86-94.

[9] 王炳忠, 王起才, 张戎令, 等. 侧限下地基泥岩浸水膨胀变形大尺寸模型试验[J]. 防灾减灾工程学报, 2020, 40(3): 337-342.

[10] 王炳忠, 王起才, 张戎令, 等. 单向及多向浸水条件下泥岩膨胀变形试验研究[J]. 水利水电技术, 2019, 50(1): 179-185.

5 红层泥岩非饱和渗透系数室内试验研究

地基泥岩具有膨胀潜势是导致西部某客运专线路基上拱的内在原因,水的入渗是引起地基泥岩膨胀变形的外在主要因素,而非饱和渗透系数是研究地基非饱和泥岩入渗规律的重要参数,其水力特性决定着地基泥岩的吸水膨胀特性,进而影响高速铁路路基上拱病害的形成与发育。本章以重塑泥岩为研究对象,通过压力板法和滤纸法试验获得了土-水特征曲线(SWCC),借助自主研制的一维土柱渗透装置,采用顶部注水方式,探究了泥岩埋深和初始干密度对非饱和渗透特性的影响规律,建立了重塑泥岩非饱和渗透系数预测模型,量化分析了土质类型、初始干密度、饱水方式和埋深对饱和/非饱和渗透系数的影响,是红层泥岩地区高速铁路无砟轨道路基上拱机制研究的关键之一。

5.1 重塑泥岩土-水特征曲线试验

5.1.1 试验方案

泥岩样取自新疆哈密地区高速铁路沿线一典型路基上拱段地基,取样深度为8~13m,试样为典型侏罗系沉积岩,呈泥状结构,成岩差,遇水易软化、崩解。泥岩试样基本物理指标见表5-1。

泥岩试样基本物理指标　　　　表5-1

指标	最大干密度 (g/cm³)	天然含水率 (%)	蒙脱石含量 (%)	伊利石含量 (%)	自由膨胀率 (%)	液限 (%)	阳离子交换量 (mmol/kg)
数值	1.87	3.5	0~2.8	1.4~7.6	9.0~45.8	36.79	108.16~301.21

1)压力板法试验

试验采用美国GCTS所产SWCC-150 Fredlund土水特征压力仪,它由垂直气动加载装置、压力板仪组件、控制面板和水体积测量系统四部分组成。试验选用进气值为0.5MPa的陶土板,并分别进行试样和陶土板饱和。吸力路径为20kPa→40kPa→60kPa→80kPa→100kPa→200kPa→400kPa,其间进行不间断读数,每次读数前用洗耳球排空气泡,并于两侧水体变管稳定后进行下级加压,每级吸力值平衡需10d左右。

2)滤纸法试验

滤纸法遵循热力学平衡原理,其接触试验方法可通过滤纸与土体在水分传递上达到平衡测量基质吸力;非接触试验方法能够通过滤纸与空气中的水分达到平衡测量总吸力。试验原理如图 5-1 所示。

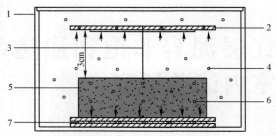

图 5-1　滤纸法试验原理示意图

1-密闭容器；2-非接触滤纸；3-不锈钢支架；4-空气中气态迁移的水分子；5-试验试样；6-土样中的水分子；7-接触滤纸

采用国产"双圈"牌 203 型慢速滤纸进行基质吸力的测量，利用式(5-1)的滤定曲线方程[1]进行分析：

$$\lg \psi = \begin{cases} -0.0767 w_{\text{fp}} + 5.493 & (w_{\text{fp}} \leqslant 47\%) \\ -0.0120 w_{\text{fp}} + 2.470 & (w_{\text{fp}} > 47\%) \end{cases} \tag{5-1}$$

式中，ψ 为土体基质吸力(kPa)；w_{fp} 为滤纸质量含水率(%)。

试验步骤如下：

(1)将"双圈"滤纸置于烘箱烘干 12h 备用。

(2)将泥岩试样碾细并过 2mm 筛，置于烘箱恒温 105℃烘干 8h。

(3)使用环刀制样器和液压千斤顶制备初始干密度为 1.4 g/cm³、1.5 g/cm³、1.6 g/cm³、1.7g/cm³ 的直径为 61.8mm、高为 20mm 的环刀样，以 4% 含水率为初始含水率，2% 含水率为梯度，配制 10 组不同含水率试样，并制备平行试样。

(4)试验采用圆形密封盒作为试验容器，盒底放置 3 张滤纸，其中两侧滤纸为保护滤纸，略大于环刀直径，中间滤纸为接触法测量滤纸，同环刀大小。

(5)使用配套的密封垫圈进行密封处理，并置于恒温 25~27℃ 的试验箱中平衡 10d。

(6)采用精度为 0.0001g 的电子天平迅速进行滤纸含水率测量。

5.1.2　SWCC 试验结果及分析

采用压力板试验(低吸力范围 0~0.5MPa)和滤纸法试验(高吸力范围 0.1~40MPa)得到不同初始干密度下重塑泥岩的土-水特征曲线(SWCC)，如图 5-2 所示。

从图 5-2 可知，重塑泥岩的 SWCC 近似呈反"S"形。在初始干密度相同情况下，重塑泥岩的基质吸力均随体积含水率的增加在逐渐减小；在体积含水率相同情况下，重塑泥岩的基质吸力随初始干密度的增加呈不同程度的增加。

为得到重塑泥岩的 SWCC 模型，分别采用 Fredlund & Xing 模型(F-X 模型)、Van Genuchten 模型(V-G 模型)、Gardner 模型和 Brooks-Corey 模型(B-C 模型)，对重塑泥岩的 SWCC 进行拟合，以选取合适的 SWCC 模型进行重塑泥岩非饱和渗透系数的计算[2-3]。

(1)F-X 模型，模型表达式见式(5-2)，式(5-3)为修正函数。

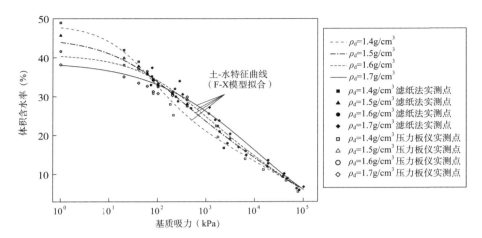

图 5-2 重塑泥岩土-水特征曲线

$$\theta = C(\psi) \frac{\theta_s}{\left\{\ln\left[e + \left(\frac{\psi}{a}\right)^n\right]\right\}^m} \tag{5-2}$$

$$C(\psi) = 1 - \frac{\ln\left(1 + \frac{\psi}{C_r}\right)}{\ln\left(1 + \frac{10^6}{C_r}\right)} \tag{5-3}$$

式中,$C(\psi)$为修正函数;θ为体积含水率(%);ψ为土体基质吸力(kPa);θ_s为试样饱和体积含水率(%),可由试验测得;C_r为残余基质吸力(kPa);e为自然对数的底值2.71828;a、m、n均为拟合参数。

(2) V-G 模型,模型表达式见式(5-4)。

$$\theta = (\theta_s - \theta_r)\left[\frac{1}{\left(\frac{\psi}{a}\right)^n + 1}\right]^m + \theta_r \tag{5-4}$$

式中,θ_r为残余基质吸力对应的含水率(%);a、n均为拟合参数。

(3) Garden 模型,模型表达式见式(5-5)。

$$\theta = \frac{\theta_s - \theta_r}{\left(\frac{\psi}{a}\right)^n + 1} + \theta_r \tag{5-5}$$

式中,a、n均为拟合参数。

(4) Brooks-Corey 模型,模型表达式见式(5-6)。

$$\theta = \begin{cases} \theta_S & (\psi \leqslant \psi_b) \\ \theta_r + (\theta_S - \theta_r)\left(\dfrac{\psi_b}{\psi}\right)^m & (\psi > \psi_b) \end{cases} \tag{5-6}$$

式中，ψ_b 为土壤进气值(kPa)。

在利用压力板试验和滤纸法获得重塑泥岩SWCC的基础上，分别采用F-X模型、V-G模型和B-C模型对其进行拟合，其结果如图5-3所示。

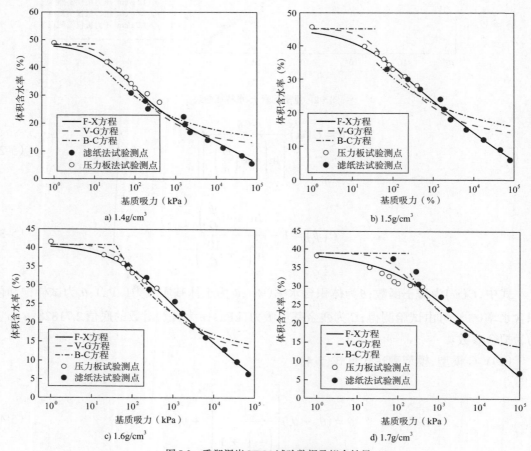

图5-3 重塑泥岩SWCC试验数据及拟合结果

从图5-3可知，各初始干密度下土体基质吸力均随体积含水率的增加而降低，在相同体积含水率条件下，初始干密度大的试样基质吸力也大，且试样进气值随初始干密度的增大而增大。通过重塑泥岩的SWCC数据，基于最小二乘法得到其关于三种模型方程的拟合结果，见表5-2。

从表5-2可知，F-X模型的相关系数 R^2 均大于0.963，对边界效应段、过渡段和非饱和残余段均有较好的拟合效果，V-G、B-C模型仅在边界效应段和过渡段有较好的拟合效果。因此，在瞬态剖面法试验中采用拟合效果更好的F-X模型进行体积含水率-基质吸力的计算。

5 红层泥岩非饱和渗透系数室内试验研究

SWCC试验数据拟合结果   表5-2

初始干密度(g/cm³)	模型	参数a	参数n	参数m	相关系数R^2
1.4	F-X	26.750	0.872	0.686	0.980
	V-G	0.035	1.428	0.300	0.936
	B-C	—	—	0.203	0.761
1.5	F-X	70.230	0.582	0.915	0.992
	V-G	0.026	1.393	0.272	0.922
	B-C	—	—	0.242	0.834
1.6	F-X	205.740	0.623	0.936	0.994
	V-G	0.011	1.405	0.288	0.940
	B-C	—	—	0.302	0.892
1.7	F-X	1131.910	0.451	1.489	0.963
	V-G	0.009	1.372	0.452	0.865
	B-C	—	—	0.373	0.854

考虑到已有的典型SWCC方程，如F-X模型、V-G模型和Gardner模型等，公式复杂且参数较多，且需要考虑土体的吸力特征值，故为探究重塑泥岩初始干密度对SWCC的影响，更直观地对比SWCC实测值与估算结果的差异，采用三参数对数函数模型分别对SWCC数据进行非线性拟合，如式(5-7)所示，拟合结果如图5-4所示。

$$\theta = \alpha + \beta \ln(\psi_1 + \gamma) \tag{5-7}$$

式中，ψ_1为压力板试验和滤纸法试验所得基质吸力(kPa)；α、β、γ为拟合参数。

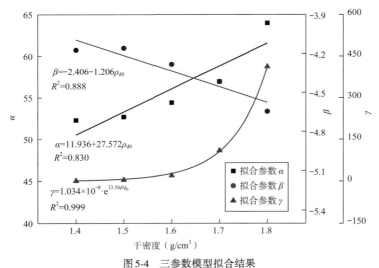

图5-4 三参数模型拟合结果

三参数对数模型拟合系数的R^2在0.830～0.999之间，拟合参数受初始干密度影响显著，且具有较好的相关性，说明该SWCC模型对重塑泥岩具有较好的适用性。

根据拟合结果可获得重塑泥岩SWCC拟合参数与试样初始干密度的关系,并基于此分别得到初始干密度影响下的SWCC,如式(5-8)所示。

$$\theta = 11.936 + 27.572\rho_{d0} - (2.406 + 1.206\rho_{d0})\ln(\psi_1 + 1.034 \times 10^{-8}e^{13.56\rho_{d0}}) \quad (5\text{-}8)$$

式中,ρ_{d0}为重塑泥岩的干密度(g/cm³);ψ_1为压力板试验和滤纸法试验所得基质吸力(kPa)。

5.2 重塑泥岩非饱和渗透系数试验

5.2.1 试验原理

湿润锋前进法是时域上的线性假定,在时间区域的微小增量内假定湿润区的含水率等值线在水分入渗过程中平移前进,并根据式(5-9)计算得到渗透系数:

$$k_0 = \frac{\theta_2 + \theta_1 - 2\theta_0}{2(\psi_1 - \psi_2 + \gamma_w v \Delta t)} \gamma_w v^2 \Delta t \quad (5\text{-}9)$$

式中,k_0为t_1、t_2时刻的平均渗透系数;θ_0为土体初始体积含水率;ψ_1、ψ_2为截面t_1、t_2时刻的基质吸力;θ_1、θ_2为截面t_1、t_2时刻的体积含水率;Δt为时间差;γ_w为水的重度;v为湿润峰前进速率。

瞬态剖面法是基于空间上的线性假定,即相邻监测截面上的线性假定,通过监测土体渗流状态下含水率的时间和空间剖面,对不同截面土柱进行差分求得渗透系数,计算方法如下:

试样内某一特定时刻某一点的水力坡度i_w为:

$$i_w = \frac{h_w}{\mathrm{d}x} \quad (5\text{-}10)$$

式中,h_w为总水头或总能头;x为距离。

某点的流速v_w等于$\mathrm{d}t$时间间隔内流过该截面水的体积,见式(5-11)。

$$v_w = \frac{\mathrm{d}v_w}{A\mathrm{d}t} = \frac{\int_j^m \theta(x)_{t+\mathrm{d}t}\mathrm{d}t - \int_j^m \theta(x)_t\mathrm{d}t}{\mathrm{d}t} \quad (5\text{-}11)$$

式中,t、$t+\mathrm{d}t$为两个相邻的时间间隔;A为土样的截面面积;j为计算点;m为土柱最下端测点;$\mathrm{d}v_w$为通过j点的水的体积变化量;$\theta(x)_t$、$\theta(x)_{t+\mathrm{d}t}$分别为$t$、$t+\mathrm{d}t$时刻的体积含水率,是距离$x$的函数。

$$k_w = \frac{v_w}{i_{j,\mathrm{ave}}} = \frac{2v_w}{i_{wt} + i_{w(t+\mathrm{d}t)}} \quad (5\text{-}12)$$

式中,k_w为土体渗透系数;$i_{j,\mathrm{ave}}$为平均水力坡度。

根据文献[5-6]测试分析结果,平均水力坡度$i_{j,\mathrm{ave}}$选用向后差分法以离散变量来近似逼近连续变量。

$$i_{j,\mathrm{ave}} = \frac{1}{2}\left(\frac{d_{j,t_1}}{d_z} + \frac{d_{j,t_2}}{d_z}\right) = \frac{1}{2}\left(\frac{h_{j+1,t_1} - h_{j,t_1}}{h_j - h_{j-1}} + \frac{h_{j+1,t_2} - h_{j,t_2}}{h_j - h_{j-1}}\right) \quad (5\text{-}13)$$

式中,h_{j,t_1}、h_{j,t_2}分别为j截面在t_1和t_2时刻的总水头;h_{j+1,t_1}、h_{j+1,t_2}分别为$j+1$截面在t_1和t_2时刻的总水头,h_j、h_{j-1}分别为j与$j-1$截面的位置(距离土柱顶面的位置)。

有关WFAM和IPM的详细介绍及理论推导详见文献[2-6]。

5.2.2 试验装置

采用自主研制的土柱渗流试验装置进行重塑泥岩渗透系数试验,该装置主要包括样品室、供(排)水系统、数据采集系统和称重单元,如图5-5所示。

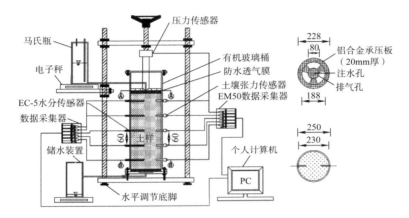

a) 整体示意图(尺寸单位:mm)

b) 试验过程图

图5-5 瞬态剖面法试验装置及过程图

试验装置的样品室由自制230mm×600mm(内径×高)的高透明亚克力材质加工制成,壁厚为10mm,土柱高为350mm,土柱上下端各设有尺寸为228mm×10mm(内径×高)的透水石,土样上端透水石上方连接防水透气膜和加载铝板,保证试验中的水汽交换和试样体积恒定。试验分别采用5个MP-S1500土壤张力传感器和5个EC-5水分传感器进行含水率和吸力监测(入渗过程中张力传感器存在不可忽略的滞后性,且由于此过程含水率剖面的不确定性,有必要采用SWCC反算吸力的方法进行土体的非饱和渗透系数计算),配合数据采集仪使用,传感器中心距离设置为6cm,供水系统采用马氏瓶提供恒定水头入渗条件,土柱底板预留有排水孔,供排水量变化采用精度为0.01g(量程5kg)的数采电子天平采集,试验水温为20℃。

5.2.3 试验步骤

分别测量土体在松散堆积和压实(初始干密度为1.6g/cm³)状态下的电压信号值和含水率(烘干法),并进行传感器标定,结果如图5-6所示。

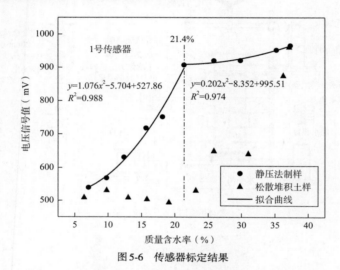

图5-6 传感器标定结果

将土样碾细、过2mm筛,烘干后以10%质量含水率闷土、制样,土柱采用分层压实填筑,每层压实后层高为5cm,层与层之间刮毛处理,水分传感器采用预埋的方式布置,张力传感器采用挖孔插入的方式布置(陶土板材质易碎)。土柱底部依次置入密封圈、透水石和滤纸,底部设有透气孔。土样顶部依次为滤纸、透水石、防水透气膜、密封橡胶圈和铝板。试验开始后,试样浸润锋面明显,且各位置浸润锋面基本平行,待试样底部出水口均匀出水后停止注水,并取中心位置处土样烘干测量其含水率。

5.2.4 结果及分析

1)WFAM结果分析

本书采用数字湿润锋法(WFAM),即通过水分仪读数达到特征含水率来表征湿润锋到达该检测截面,并记录时间,计算过程见文献[7]。湿润锋前进距离曲线和湿润锋前进速率曲线分别如图5-7、图5-8所示。

从图5-7可知,在不同特征含水率下,湿润锋前进曲线会产生偏移,且其与初始含水率的差值越大,曲线在时间轴上位置越偏右。

从图5-8可知,不同特征含水率所得到的湿润锋前进速率相差较大,随特征含水率的增加,湿润锋前进曲线斜率逐渐降低,这不符合湿润锋曲线的时域线性假定,说明对重塑泥岩采用数字湿润锋记录湿润锋前进位置,进而计算非饱和渗透系数的方法是不适用的,此结论符合文献[7]指出的重塑膨胀土在入渗过程中没有稳定的水分迁移剖面的结论。

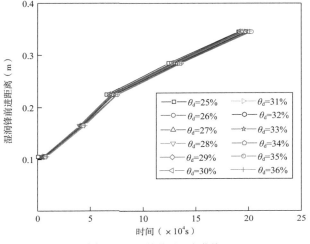

图 5-7 湿润锋前进距离曲线

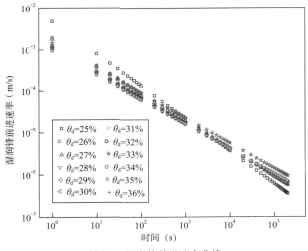

图 5-8 湿润锋前进速率曲线

2) IPM 结果分析

由不同时刻土柱各高度处测得体积含水率和总水头,得到不同时刻土体体积含水率随深度变化曲线(体积含水率剖面)和总水头随深度的变化曲线(水头剖面)。以初始干密度为 1.4g/cm³ 为例,做渗透性曲线计算原理图,如图 5-9 所示,并给出初始干密度为 1.5g/cm³、1.6g/cm³、1.7g/cm³ 的体积含水率剖面,如图 5-10 所示。其中对应的基质吸力可由 F-X 土-水特征曲线模型求得。

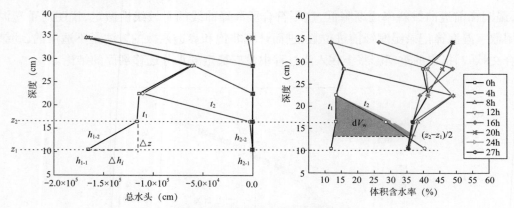

图 5-9 渗透性曲线计算原理图（1.4g/cm³）

注：z_1、z_2 分别是某段土柱的截面位置；h_{1-1}、h_{1-2} 分别是 t_1 时刻 z_1 和 z_2 截面对应的总水头；h_{2-1}、h_{2-2} 分别是 t_2 时刻 z_1 和 z_2 截面对应的总水头。

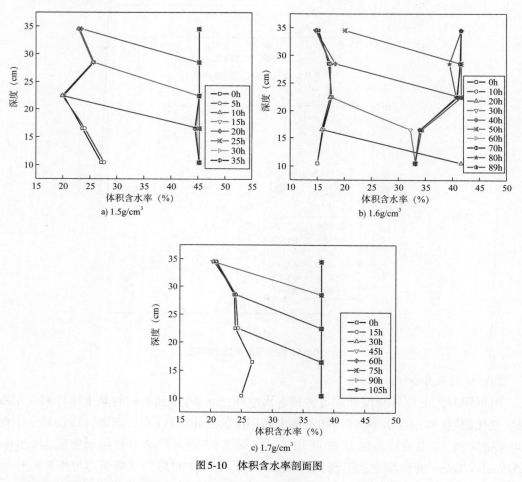

图 5-10 体积含水率剖面图

进而得到不同初始干密度下基质吸力-渗透系数曲线，如图 5-11 所示。

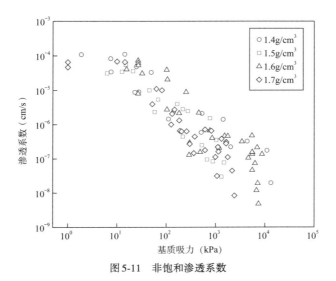

图5-11 非饱和渗透系数

从图5-11可知,基质吸力范围在1~20000kPa之间,所得渗透系数随吸力的增加有显著减小趋势,各初始干密度下土体渗透系数整体变化范围跨越近5个数量级,范围在10^{-4}~10^{-9}cm/s之间。

各试样渗透性曲线均可分为两阶段,即趋于稳定阶段和速率骤减阶段。吸力在1~50kPa范围时,为土体近饱和部分,渗透系数均逐渐趋于稳定,渗透性曲线无明显增减趋势,土体趋于饱和状态。吸力在50~20000kPa范围时,试样渗透系数随吸力的增加而骤减,双对数坐标中渗透性曲线近似线性变化。

前期研究发现,试样初始干密度越大,大孔隙占比越低,孔隙连通性越差;在入渗过程中,封闭气泡占据的孔隙空间就越大,阻渗作用越明显。对比初始干密度为1.4 g/cm³和1.7 g/cm³试样的渗透性曲线趋势可知,初始干密度较小的试样在入渗过程中有相对较大的入渗速率,即在相同基质吸力下,试样初始干密度越大,其渗透系数越小[2]。

值得注意的是,重塑泥岩的IPM试验所得近饱和段土体渗透系数差异较小,且均小于变水头法试验值。这是因为在上层土制样过程中对下层的重复压实,以及在吸湿膨胀过程中的密实作用,导致上层土样干密度会略小于制样干密度,因此出现其饱和时刻的渗透系数略大于室内饱和渗透试验结果范围的现象,如图5-12所示。此外,浸水方式、重力水头、试样尺寸效应及人工制样差异等因素均会影响土样的渗透作用[8]。

5.2.5 CCG渗透模型预测及修正

1)CCG渗透模型预测

Childs和Collis-Geroge[9]利用充水孔隙空间的形状提出了预测渗透系数的模型,在此基础上,Kunze等[10]对此模型进行了修正。基于F-X模型,即可建立任意孔径分布基础上的非饱和土渗透系数预测模型,计算方法如下:

某一特定体积含水率下的渗透系数$k(\theta_i)$是将相应于θ_i及低于θ_i的体积含水率的基质吸

力求和得到的。相对渗透系数的积分形式可以表示为：

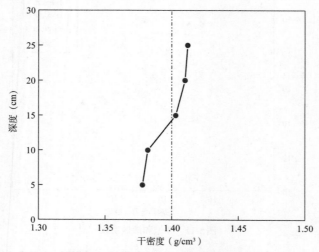

图 5-12　试验结束后土柱干密度分布

$$k_r(\theta) = \int_{\theta_L}^{\theta} \frac{\theta - x}{\psi^2(x)} dx \bigg/ \int_{\theta_L}^{\theta_s} \frac{\theta_s - x}{\psi^2(x)} dx \tag{5-14}$$

式中，$k_r(\theta)$ 为相对渗透系数；θ_s 为饱和体积含水率；θ_L 为最低容积体积含水率；ψ 为基质吸力。

如果任意土体吸力 ψ 所对应的渗透系数是以饱和渗透系数 k_s 为参考，则渗透系数 $k(\psi)$ 可表示为：

$$k(\psi) = k_r(\psi) \cdot k_s \tag{5-15}$$

对于所有种类的土体而言，与零含水率对应的总吸力本质是相同的，且该值约为 10^6kPa。基于 F-X 模型，结合修正的 Childs & Collis-Geroge 模型[10]，可得到土体相对渗透系数表达式如式(5-16)所示。

$$k_r(\psi) = \frac{\int_{\ln(\psi)}^{b} \frac{\theta(e^y) - \theta(\psi)}{e^y} \theta'(e^y) dy}{\int_{\ln(\psi_{aev})}^{b} \frac{\theta(e^y) - \theta_s}{e^y} \theta'(e^y) dy} \tag{5-16}$$

式中，$b = \ln(10^6)$；ψ_{aev} 为进气值；y 为吸力对数的积分虚拟变量；θ' 是式(5-4)的导数。

式(5-16)可采用数值积分方法来计算，假设 a 和 b 分别为积分的上、下限，则：

$$a = \ln(\psi_{aev}), b = \ln(10^6) \tag{5-17}$$

将 $[a,b]$ 等分成 N 段，用 Δy 表示分段的长度，则：

$$a = y_1 < y_2 < \cdots < y_N < y_{N+1} = b \tag{5-18}$$

$$\Delta y = \frac{b - a}{N} \tag{5-19}$$

对于在进气值 ψ_{aev} 和 10^6kPa 之间的任何吸力值 ψ，$\ln(\psi)$ 均介于 a、b 之间，假定 $\ln(\psi)$ 在

第i个分段$[y_i, y_{i+1}]$中,则式(5-16)可以简化为:

$$k_r(\psi) \approx \frac{\sum_{i=j}^{N} \frac{\theta(e^{\overline{y_i}}) - \theta(\psi)}{e^{\overline{y_i}}} \theta'(e^{\overline{y_i}})}{\sum_{i=1}^{N} \frac{\theta(e^{\overline{y_i}}) - \theta_s}{e^{\overline{y_i}}} \theta'(e^{\overline{y_i}})} \quad (5\text{-}20)$$

式中,$\overline{y_i}$为第i个分段$[y_i, y_{i+1}]$的中点。

基于 Childs & Collis-Geroge 模型,结合 F-X 模型,将 SWCC 按体积含水率等分为 20 份,并将各等分中点对应的基质吸力代入式(5-20),计算得到土体非饱和渗透系数$k(\psi)$,如图 5-13 所示。

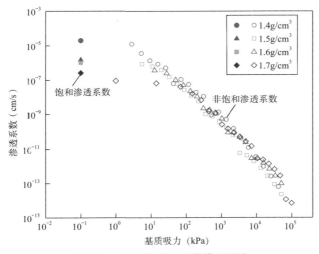

图 5-13 CCG 模型渗透系数模型预测

从图 5-13 可知,本模型基于压力板试验和滤纸法试验所得基质吸力值及 F-X 土水特征曲线模型,得到吸力范围在 $1\sim10^5$kPa 的土体渗透性曲线,其渗透系数为 $10^{-5}\sim10^{-15}$cm/s,各初始干密度试样渗透系数均随基质吸力的增加而减小。CCG 模型所得土体渗透性曲线在吸力值为 50kPa 附近出现"拐点",在 0~50kPa 范围内,其渗透性曲线斜率较小,且随试样初始干密度的增加而降低,由式(5-15)可解释为,该阶段各初始干密度土体相对渗透系数在 0.2~0.7 之间,在数量上接近 1,此时室内变水头法饱和渗透系数测试值对土体渗透系数值影响较大,因而在 50kPa 附近渗透性曲线出现"拐点";在 $50\sim10^5$kPa 时,此阶段渗透系数受试样初始干密度影响较小,相同吸力下渗透系数差值在 1 个数量级以内,渗透性曲线重合度较高。

2) CCG 模型修正

由上述分析可知,试验值和 CCG 模型渗透性曲线具有相似的发展规律,即在双对数坐标系中,曲线在近饱和段逐渐趋于稳定,并随后近似线性降低。但 CCG 模型渗透性曲线跨越近 10 个数量级区间,其估算结果明显偏小,且随吸力的增大,在相同初始干密度、基质吸力条件下,两结果在数量级上差距逐渐增大。

对比研究表明，在试验测试范围内，CCG模型可较好地反映土体渗透系数随基质吸力变化的发展趋势，但在数值上与实测值有明显差距。因此，想要直接采用CCG模型估算该地区土体渗透系数，须对该模型进行修正，以达到可直接通过土体SWCC，采用间接法进行非饱和渗透系数的计算和应用的目的[11]。

在双对数坐标系中，试验值和CCG模型渗透曲线均近似呈线性降低，可采用式(5-21)表示。

$$\lg k(\psi) = b \lg \psi + c \tag{5-21}$$

在相同初始干密度和吸力条件下，渗透系数试验值和估算值的比值与土体吸力近似呈线性关系，并且为提高低吸力范围修正结果的准确性，采用分段拟合方法修正模型，其中吸力为0~50kPa阶段，各初始干密度下土体基质吸力-比值拟合曲线R^2均大于0.992，拟合效果很好；吸力为50~20000kPa阶段的结果，如图5-14所示。

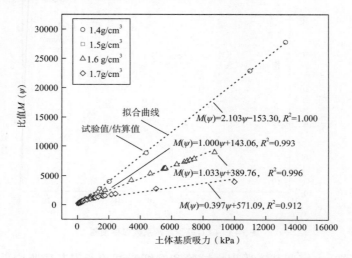

图5-14 试验值与模型估算值比值关系图

通过对各初始干密度下试验值和CCG模型预测值比值拟合参数进行分析，可得到基于试验值的CCG模型修正公式，如式(5-22)所示。

$$k'(\psi) = M(\psi)k(\psi) \tag{5-22}$$

式中，$k'(\psi)$为CCG模型修正值；$M(\psi)$为模型修正系数。

从图5-14可知，各初始干密度试样渗透系数模型的修正系数$M(\psi)$与基质吸力近似呈线性关系。分别采用指数函数模型和线性模型对该拟合参数与试样初始干密度之间的关系进行分析，得到模型修正系数表达式如式(5-23)所示。

$$M(\psi) = \begin{cases} e^{(5.985\rho_d - 8.31)}\psi + 65.2\rho_{d0} - 88.7 & (\psi \leq 50\text{kPa}) \\ e^{(-4.893\rho_d + 7.56)}\psi + 2419.87\rho_{d0} - 3513 & (\psi > 50\text{kPa}) \end{cases} \tag{5-23}$$

式(5-23)的修正结果可较好地反映各初始干密度下重塑泥岩的实际渗透系数值，以初始干密度为1.4g/cm³土体为例，修正结果如图5-15所示。

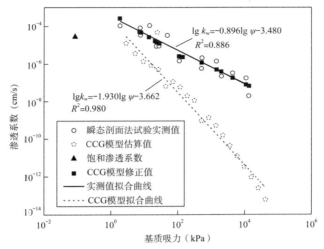

图5-15 实测和模型预测渗透系数结果对比（1.4g/cm³）

从图5-15可知，在试验吸力范围（1~20000kPa）内，模型修正结果均在试验值变化范围内，且基本与实测渗透曲线吻合，修正后的CCG模型可在重塑泥岩渗透性曲线的发展趋势和量值上反映其真实渗透规律，达到快速、准确测量和分析的目的。

5.3 重塑泥岩非饱和渗透系数影响因素分析

为进一步分析非饱和渗透系数影响因素，本节通过室内变水头饱和渗透试验和IPM非饱和渗透系数试验结果，对土质类型、初始干密度及饱水方式等因素对饱和/非饱和渗透系数进行量化研究，分析影响重塑泥岩渗透系数的因。并结合核磁共振试验结果[12-13]，解释入渗过程中土柱不同深度处渗透系数差异化原因。

5.3.1 土质类型

为探究土质类型对其饱和/非饱和渗透系数的影响，分别对比兰州地区和哈密地区重塑泥岩毛细管法饱和试样T_2分布曲线，分析其孔隙分布特征、自由水比例及饱和渗透系数值差异。其中，兰州、哈密地区重塑泥岩的自由水占比分别如图5-16、图5-17所示。

从图5-16、图5-17可知，兰州、哈密地区重塑泥岩自由水占比分别为29.32%和8.35%，饱和渗透系数分别为$1.76×10^{-5}$cm/s和$2.508×10^{-5}$cm/s。即在相同初始状态下，土质类型对其渗透系数的影响不可忽略，哈密地区泥岩膨胀潜势更大，在毛管法饱和过程中孔隙压缩更为剧烈，中、大孔隙含量及占比降低，土体自由水占比降低，连通性变差，饱和/非饱和渗透系数更小。

5.3.2 初始干密度

采用兰州地区重塑泥岩，制备最优含水率为14.2%、干密度分别为1.61g/cm³、1.70g/cm³、

1.80g/cm³和1.89g/cm³的土样,并采用毛细管法浸水饱和,获得试样在饱水状态下的T_2图谱如图5-18所示。

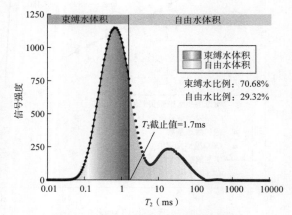

图5-16 兰州地区毛管饱和试样自由水占比

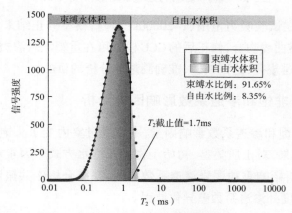

图5-17 哈密地区毛细管饱和试样自由水占比

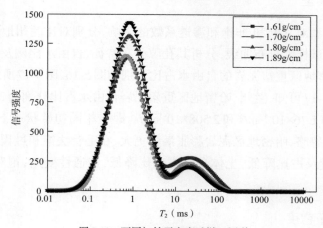

图5-18 不同初始干密度试样T_2图谱

5 红层泥岩非饱和渗透系数室内试验研究

从图5-18可知,随试样初始干密度的增加,试样小孔隙峰面积增加了22.40%,中、大孔隙峰面积减小了34.14%和63.10%,试样中、大孔隙占比由19.57%降至10.77%,即试样初始干密度越大,浸水饱和过程中孔隙压缩越剧烈,中、大孔隙的体积和占比就越低。

同样地,采用1.7ms作为试样T_2截止值进行分析,得到不同初始干密度试样的束缚水、自由水体积,如图5-19所示。

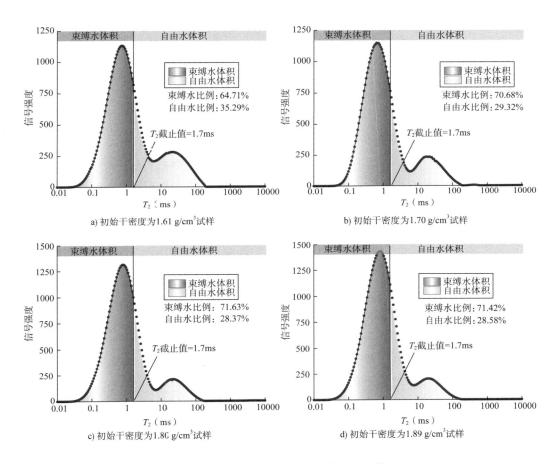

图5-19 不同初始干密度试样束缚水、自由水体积

通过对不同初始干密度试样束缚水、自由水体积分析,得到初始干密度分别为1.61g/cm³、1.70g/cm³、1.80g/cm³、1.89g/cm³浸水饱和试样中自由水占比依次为35.39%、29.32%、28.37%和28.58%,用称重法获得的饱水试样的孔隙率依次为38.28%、35.78%、34.91%和33.37%,试样中自由水体积和占比、试样孔隙率均随初始干密度的增大而减小,试样孔隙间的连通性也随之降低。

为进一步解释初始干密度对饱和/非饱和渗透系数造成影响的原因,进行初始干密度与自由水占比和孔隙率之间的关系分析,如图5-20所示。

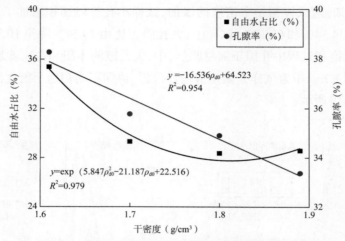

图 5-20 初始干密度对试样自由水占比和孔隙率影响分析

从图 5-20 可知,随初始干密度的增大,试样孔隙率呈线性降低趋势,试样自由水占比呈指数函数降低,试样的自由水占比也经历先骤降,后趋于稳定。结合增湿过程中重塑泥岩的孔隙分布特征及其演化规律可知,试样初始干密度的增大使得土体中、大孔隙含量降低、小孔隙含量增加,试样整体孔隙率降低,自由水占比减小,孔隙间的连通性变差,进而使得土体饱和/非饱和渗透系数降低。因此,利用同一土体的孔隙率和自由水占比可以对其渗透性强弱进行评估。

5.3.3 饱水方式

为分析试样饱水方式对渗透系数的影响,采用初始干密度为 1.7g/cm³、最优含水率为 14.2% 的试样,并分别采用毛管法和抽真空方法饱和,开展室内变水头法饱和渗透系数试验,设置平行试验共 3 组,结果见表 5-3。

饱和方式对试样孔隙率和饱和渗透系数的影响　　　　表 5-3

饱和方式	试样编号	孔隙率（%）	孔隙率均值（%）	饱和渗透系数（10^{-6}cm/s）	饱和渗透系数均值（10^{-6}cm/s）
毛管饱和	1	35.11	35.55	5.18	4.80
	2	36.34		5.90	
	3	35.21		3.31	
真空饱和	1	41.07	41.25	90.86	89.44
	2	41.14		83.82	
	3	41.53		93.63	

从表 5-3 可知,在同等条件下,真空饱和试样的饱和渗透系数值是毛管饱和试样的 18.65 倍,真空饱和法提高了孔隙间的连通性;试样孔隙率增大了 5.7%,饱和质量含水率由 20.58% 增至 24.22%。

基于NMR获得的饱和含水率试样（预配土法增湿饱和试样、毛管法饱水试样和抽真空饱水试样）T_2分布曲线，分析三种饱和方式下试样的自由水占比，其中预配土法增湿饱和试样（G组）自由水比例和抽真空饱和试样（I组）自由水占比如图5-21所示。

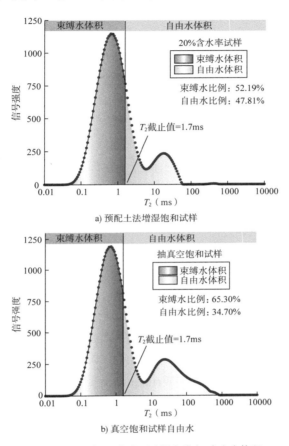

图5-21 不同饱和方式下试样束缚水、自由水体积

从图5-16、图5-21可知，预配土法饱和试样（G组）、毛管法饱水试样（H组）和抽真空饱水试样（I组）的自由水体积分别为47.81%、29.32%和34.70%，其中，G组试样自由水占比分别是H、I组的1.63倍和1.38倍，自由水体积分别是1.71倍和1.31倍。其中在相同条件下，I组较G组自由水比例提升了70.60%，这表明真空饱和使得试样中封闭孔隙数量减少，试样的孔隙连通性增强，自由水体积增大。

综上分析可知，土质类型、初始干密度及饱水方式等均会不同程度地影响其饱和/非饱和渗透系数。结合重塑泥岩孔隙分布特征可知，试样中、大孔隙数量决定了试样中自由水的体积，是影响土体连通性、决定土体渗透系数大小的关键因素，并且利用同一土体的孔隙率和自由水占比可以对其渗透性强弱进行评估。值得注意的是，土质类型、初始干密度及饱水方式等不仅会影响土体孔隙分布特征，还会影响孔隙迂曲度等参数。因此，尚不能直接通过试样自由水占比准确预测土体渗透系数。

5.3.4 土样埋深

结合图5-19可知,自由水主要存在于中、大孔隙中,即试样中、大孔隙峰面积越大,其自由水比例越高,试样的连通性就越好。随试样初始干密度的减小,试样中、大孔峰面积逐渐增加,整体孔隙率增大,饱水样中自由水比例增大,试样的连通性增强,即在相同吸力增量下土体排水能力提高,土体渗透系数增大,试样的体积膨胀(密度减小)对渗流具有促进作用,此结果与本文土柱顶部土体增湿后的孔隙率、干密度和渗透系数的变化规律相一致。结合试样增湿过程中孔隙结构演化规律可知,试样增湿过程中孔隙结构演化规律整体呈大孔隙的破坏、压实、填充密实和向更小孔径的孔隙转变的趋势,土体里中、大孔隙数量降低,孔隙率下降,土体的连通性降低。此结果与土柱中部和底部土体增湿后的孔隙率和渗透系数的变化规律相一致。因此,在土柱入渗过程中,表层土体与中底部土体的孔隙演化规律相反,其对渗透分别表现出促进和抑制作用,与试验结果相一致[14]。

本章参考文献

[1] 白福青,刘斯宏,袁骄.滤纸法测定南阳中膨胀土土水特征曲线试验研究[J].岩土工程学报,2011,33(6):928-933.

[2] 余云燕,丁小刚,薛彦瑾,等.高速铁路微膨胀泥岩破碎土非饱和渗透特性研究[J].中国铁道科学,2024,45(1):1-11.

[3] 丁小刚,马丽娜,蔺文博,等.非饱和重塑弱膨胀土孔隙结构与土-水特征曲线试验研究[J].岩石力学与工程学报,2022,41(S1):3081-3090.

[4] LI X, ZHANG L M, FREDLUND D G. Wetting front advancing column test for measuring unsaturated hydraulic conductivity[J]. Canadian Geotechnical Journal, 2009, 46(12): 1431-445.

[5] 张玉莲.非饱和土渗透系数瞬态剖面测量方法及仪器的改进[D].哈尔滨:哈尔滨工业大学,2011.

[6] HU H J, CUI Y J, LI C H, et al. Improvement of three common methods for determining hydraulic conductivity curve of unsaturated soil upon wetting[J]. Journal of Hydrology, 2021, 594: 125947.

[7] 刘阿强,李旭,刘艳,等.全吸力范围内渗透系数快速测定方法研究[J].岩土力学,2022,43(11):3209-3219.

[8] 蔡国庆,盛岱超,周安楠.考虑初始孔隙比影响的非饱和土相对渗透系数方程[J].岩土工程学报,2014,36(5):827-835.

[9] CHILDS E C, COLLIS-GEORGE G N. The permeability of porous materials[C]. Proceedings of the Royal Society of London Series A. London, 1950, 201: 392-405.

[10] KUNZE R J, UEHARA G, GRAHAM K. Factors Important in the Calculation of Hydraulic Conductivity[J]. Soil Science Society of America Journal, 1968, 32(6): 760-765.

[11] 丁小刚, 余云燕, 蔺文博, 等. 非饱和弱膨胀土土-水特征曲线拟合与渗透系数模型预测[J]. 中南大学学报(自然科学版), 2022, 53(1): 361-370.

[12] 吕超, 马晓凡, 王颖. 基于核磁共振与无侧限抗压试验对纤维加固红黏土的宏微观特性研究[J]. 铁道科学与工程学报, 2021, 18(8): 2066-2072.

[13] 阮波, 张佳森, 丁茴, 等. 玄武岩纤维水泥改良风积沙强度及孔隙结构研究[J]. 铁道科学与工程学报, 2022, 19(5): 1260-1269.

[14] 马丽娜, 张扬, 余云燕, 等. 固结压力对泥岩填料孔隙分布及土水特征曲线的影响[J]. 中国铁道科学, 2023, 44(5): 11-18.

6 红层泥岩地基膨胀变形原位试验及红层泥岩高速铁路无砟轨道路基上拱机制

红层泥岩地基吸水膨胀将导致高速铁路路基上拱,进而使轨道不平顺性加剧,当列车高速通过时将出现颠簸、晃车等现象,从而影响列车行驶的安全性和舒适性。依据《铁路工程特殊岩土勘察规程》(TB 10038—2022),西部某客运专线上拱路基段的红层泥岩地基中约90%的土样不具备膨胀潜势,但吸水后仍会产生微膨胀量。目前,微膨胀红层泥岩地基吸水后的整体膨胀性,对高速铁路无砟轨道路基的影响尚不清楚。鉴于此,本章依托西部某客运专线,在一个典型路基上拱地段的微膨胀泥岩地基开展原位试验,通过模拟地基泥岩浸水情况,分析了泥岩地基的整体膨胀变形演化规律,探究了泥岩地基的膨胀量、渗透性与上覆荷载、吸水量、厚度之间的关系,明晰了泥岩地基的整体膨胀变形机理,是红层泥岩地区高速铁路无砟轨道路基上拱机制研究的关键之二。

6.1 试验方案设计

6.1.1 地质概况

试验段地形平坦开阔,地势起伏较小。经钻芯取样可知,在0~0.5m深度为砂砾石碎散层,在0.5~8m深度为红褐色坚硬泥岩层,成岩作用较好,强度较高,黏性强,局部含有少量砂岩、碎石及角砾。试验点距离上拱路基直线距离大约为15m,在原位试验区域外5m处进行钻芯取样,试验区域如图6-1所示。泥岩地基基本物理指标见表6-1,泥岩地基化学成分分布如图6-2所示。

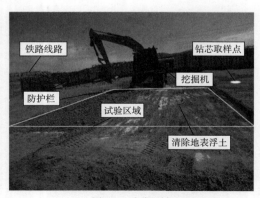

图6-1 试验区域

泥岩地基基本物理指标及黏土矿物含量　　　　　表6-1

初始含水率（%）	密度（g/cm³）	自由膨胀率（%）	液限（%）	塑限（%）	蒙脱石（%）	伊利石（%）	高岭石（%）	阳离子交换量（mmol/kg）
3.8	1.92	21	41.5	19.1	2.8	3.7	1.6	124.56

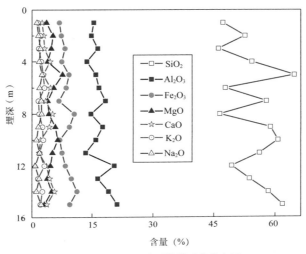

图6-2　泥岩地基主要化学成分分布图

从图6-2可知，泥岩地基中含量最高的是SiO_2，在深度5m处达到最大值，为65.4%，其次是Al_2O_3，其他化合物含量均低于10%。

6.1.2　试验内容

试验区域的平面布置图和立面布置图，如图6-3、图6-4所示。

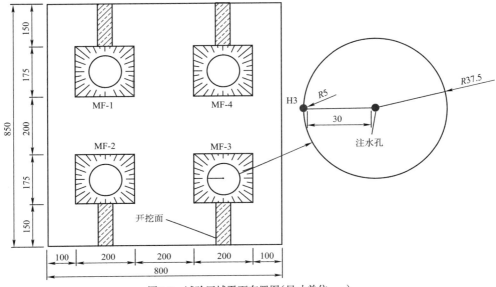

图6-3　试验区域平面布置图(尺寸单位：cm)

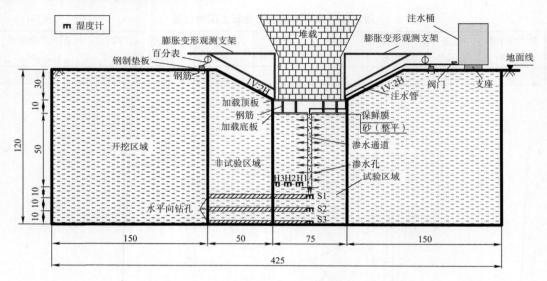

图6-4 试验区域立面布置图(尺寸单位:cm)

试验步骤如下。

1)开挖试验区域

首先,用挖掘机清除地表40cm厚浮土,开挖MF-1、MF-2、MF-3、MF-4试验区域,试验区域底部尺寸为2m×1.75m,深0.4m,边坡比例为2∶1。其次,在试验区域底部再开挖直径为75cm、深10cm的圆柱形区域,以放置加载底板和加载顶板。完成后,对各个试验区域用打磨机和水平尺整平,防止加载时出现偏载。最后,在圆柱形区域的底部中心位置处用电钻钻取直径为5cm、深度为50cm的注水孔,试验区域平面布置图和断面图如图6-5、图6-6所示。

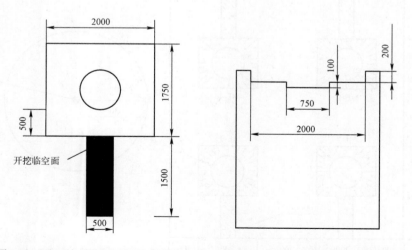

图6-5 试验区域平面布置图(尺寸单位:cm)　　图6-6 试验区域断面图(尺寸单位:cm)

分别在MF-1、MF-2、MF-3、MF-4上以注水孔为中心,在半径分别为10cm、20cm、30cm的圆周上钻取直径为5cm、深度为50cm的孔,以放置湿度传感器(FDR-100土壤水分传感器),每个圆周上布置1个测点,共计3个测点,3个测点(H1、H2、H3)之间夹角为120°,布置深度为50cm。钻孔过程如图6-7、图6-8所示。

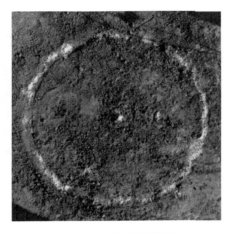

图6-7 标记钻孔位置

图6-8 钻孔过程

在距离试验区域50cm处开挖临空面(尽量减少水平钻孔过程中对整个试验区域扰动),在临空面上钻取3个直径为5cm、深度为87.5cm的水平向孔以放置湿度计(S1、S2、S3)。3个湿度计到MF-1、MF-2、MF-3、MF-4的渗水通道底部的距离分别为10cm、20cm、30cm。钻孔过程如图6-9、图6-10所示。

图6-9 水平向钻孔过程

图6-10 水平向钻孔结果

2)安装湿度计

水平方向湿度计(H1、H2、H3)和竖直方向湿度计(S1、S2、S3)分别布置在相应位置,如图6-11、图6-12所示。采用重塑泥岩将水平布置孔和竖直布置孔填充密实目的是使泥岩膨胀尽可能少地在钻孔内释放。

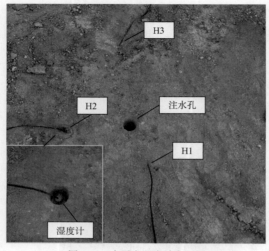
图6-11 水平向湿度计布置图

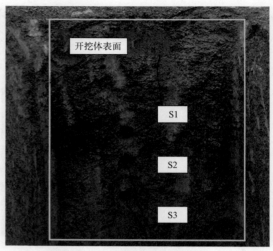
图6-12 竖向湿度计布置图

3) 安装渗流-加载-变形观测系统

渗水-加载-变形观测系统有4套,渗水装置采用直径为50mm、长50cm圆钢管焊接于加载底板,钢管壁均匀布置4列梅花状渗水孔,渗水孔直径为3mm,渗水孔之间距离为5cm,如图6-13所示。加载底板和加载顶板均采用直径为75cm、厚1cm的钢板,两者之间通过直径1cm钢筋连接。

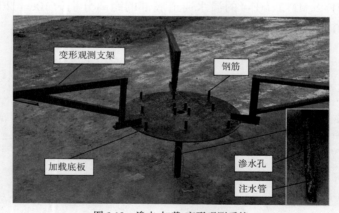
图6-13 渗水-加载-变形观测系统

膨胀变形观测系统包括支架、百分表、磁性表座和钢制垫板。支架由尺寸为40mm×40mm角钢焊接成直角三角形,其中一条直角边一端焊接于加载底板。百分表通过磁性表座与钢制垫板(15cm×15cm正方形)连接,钢制垫板与泥岩地基固接。在加载底板均匀焊接3个支架,3个支架之间夹角为120°,在每个支架下方布置1个竖向变形监测点,通过位移传感器(测试精度为0.001 mm的测板)测量变形量,位移传感器编号分别为M1、M2、M3。整个试验区域膨胀变形值取3个位移传感器平均值。安装过程如图6-14所示。

6 红层泥岩地基膨胀变形原位试验及红层泥岩高速铁路无砟轨道路基上拱机制

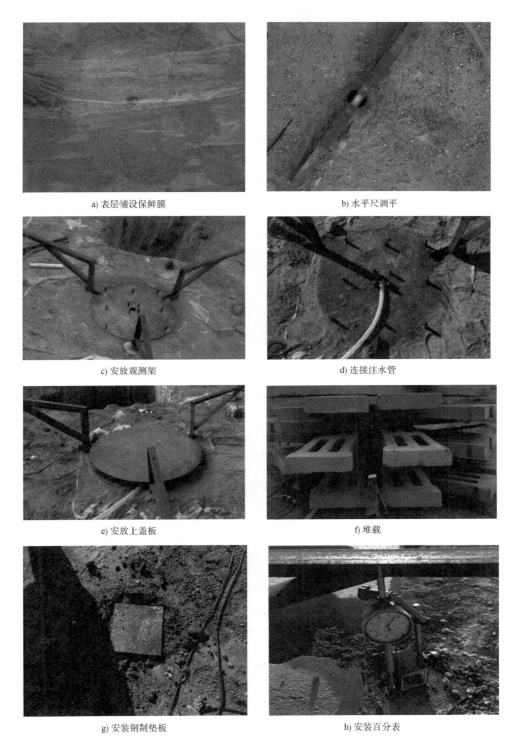

图6-14 安装过程

需要说明的是,尽管在放置湿度计的孔中填充了重塑泥岩,但填充后重塑泥岩密实度达不到原状泥岩密实度,这将导致泥岩膨胀量不可避免地向湿度计放置孔中释放。此外,注水孔也消耗了一部分泥岩。因此,本试验测得的试验区域泥岩膨胀值要比实际膨胀值偏小。

根据《高速铁路设计规范》(TB 10621—2014)(简称"高铁设计规范")和西部某客运专线路基断面设计图纸可知,试验区域处路基对泥岩地基荷载为25.15kPa。因此,分别对MF-1、MF-2、MF-3、MF-4施加0kPa、15kPa、30kPa、45kPa上覆荷载。上覆荷载通过预制混凝土板堆载而成,堆载时要对加载板和变形观测支架进行称重,累计至所需质量,对堆载量进行严格控制,保证堆载台均匀受力、不偏载。加载至设计荷载后,待沉降完成且百分表和湿度传感器读数稳定后开始注水,堆载结果如图6-15、图6-16所示。

图6-15 堆载约15kPa荷载

图6-16 堆载约45kPa荷载

4)注水装置

注水系统包括储水桶、水管、水阀、流量计。水管一端与嵌入泥岩中的注水钢管相连,另一端通过水阀与储水桶相连。为了使储水桶中水流畅通流入注水管,储水桶垫高出基坑底面30cm,流量计用来记录注水量,注水过程中始终保持渗水装置水位恒定。

5)数据采集

加载完成后开始进行沉降变形观测,并记录百分表读数,按每2h记录一次,沉降稳定标准为1h内百分表读数不大于0.1mm/h,当不同上覆荷载作用下沉降变形均达到稳定后,开始对泥岩进行注水。同时记录百分表读数和注水量,泥岩变形的变化特征总体上是先快速后缓慢。因此,在试验过程中,地基的变形1~6h内每30min记录一次数据,6~16h内每60min记录一次数据,16h以上每2h记录一次试验数据。原位试验稳定标准为膨胀变形值24h内百分表读数不大于0.1mm/h,且湿度传感器24h内读数不大于0.1%。将膨胀定义为正值,沉降定义为负值。

6.2 试验结果与讨论

6.2.1 泥岩地基膨胀量随时间变化规律

原位试验结束后对观测数据进行统计处理,分析上覆荷载为0kPa、15kPa、30kPa、45kPa时膨胀变形量随时间变化的过程。数据处理过程中对个别人为扰动等异常数据与同一试验下平行测点比较分析,绘制不同上覆荷载下膨胀变形时程曲线,如图6-17~图6-20所示。

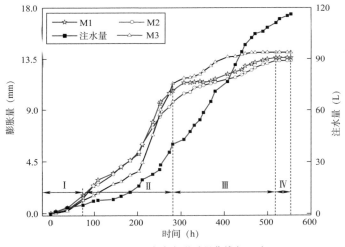

图6-17 MF-1膨胀变形时程曲线(0kPa)

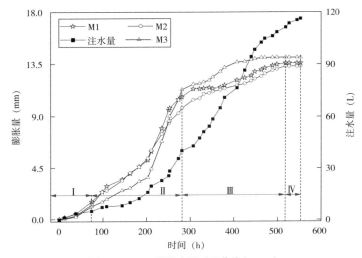

图6-18 MF-2膨胀变形时程曲线(15kPa)

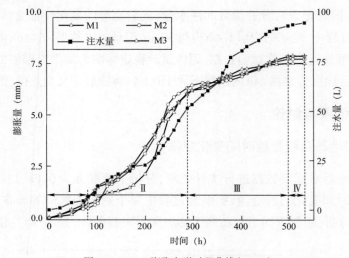

图 6-19 MF-3 膨胀变形时程曲线（30kPa）

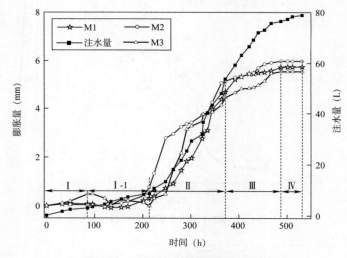

图 6-20 MF-4 膨胀变形时程曲线（45kPa）

MF-1 在前期（0~74h）膨胀变形量为 1.05mm，平均膨胀速度为 0.014mm/h；在 74~281h 内膨胀变形量为 9.50mm，平均膨胀速度为 0.046mm/h；在 281~527h 内膨胀变形量为 3.10mm，平均膨胀速度为 0.013mm/h。

MF-2 在 0~81.5h 内膨胀变形量为 0.98mm，平均膨胀速度为 0.012mm/h；在 81.5~256.5h 内膨胀变形量为 5.60mm，平均膨胀速度为 0.032mm/h；在 256.5~530.5h 内膨胀变形量为 2.74mm，平均膨胀速度为 0.008mm/h。

MF-3 在 0~95h 内膨胀变形量为 0.82mm，平均膨胀速度为 0.009mm/h；在 95~297.5h 内膨胀变形量为 4.90mm，平均膨胀速度为 0.024mm/h；在 297.5~537.5h 内膨胀变形量为 1.29mm，平均膨胀速度为 0.005mm/h。

MF-4 在 0~95.5h 内膨胀变形量为 0.20mm，平均膨胀速度为 0.002mm/h；在 95.5~199.5h 内

膨胀变形量为-0.20mm,平均膨胀速度为-0.0002mm/h;在199.5~361.5h内膨胀变形量为4.43mm,平均膨胀速度为0.028mm/h;在361.5~541.5h内膨胀变形量为1.16mm,平均膨胀速度为0.004mm/h。

综上可知,相同上覆荷载下泥岩在不同时段内膨胀变形量不同,膨胀变形速度也不同,泥岩膨胀量随时间变化曲线基本可划分为4个阶段:缓慢增长阶段、加速增长阶段、减速增长阶段和稳定阶段。

第Ⅰ阶段为泥岩膨胀缓慢增长阶段。在注水初期,泥岩中的水有两种渗流路径。一是泥岩本身具有有效孔隙,能够容纳水的进入;二是水渗入泥岩中土颗粒。由于重力作用,水总有向下运动趋势。这将使水进入第一种方式比进入第二种方式快,使得水接触到黏土矿物概率较低,释放膨胀量较慢。同时,泥岩中黏土矿物遇水膨胀时也会向孔内释放一部分膨胀量。因此,膨胀量随时间缓慢增加。

第Ⅱ阶段为泥岩膨胀加速增长阶段。随浸水量进一步增加,泥岩有效孔隙逐渐被水分填充满。更多黏土矿物会与水接触产生体积膨胀。黏土矿物增大的体积仍会有一部分释放到泥岩孔隙,但可用于吸收膨胀体积的空间已经很小,故进一步增大的体积只能向外部释放。由于泥岩侧向变形受到约束,因此泥岩膨胀变形只能向竖向释放。而上覆荷载对竖向变形也有一定的约束作用,当黏土矿物吸水后向上的膨胀力大于上覆荷载时,泥岩在竖向会产生一定膨胀量。由于该阶段黏土矿物颗粒吸水量较大,因此膨胀量随时间增长较快。

第Ⅲ阶段为泥岩膨胀减速增长阶段。水分持续渗入会引起黏土矿物晶层间存在大量水分,使得水分进一步进入黏土矿物晶层的速度变慢,导致黏土矿物体积膨胀在减缓。同时,由于前期黏土矿物膨胀体积不断释放到泥岩孔隙中,使泥岩孔隙率逐渐减小,泥岩密实度不断增大,导致泥岩渗透性逐渐减小,黏土矿物与水分接触速度也在逐渐变慢,黏土矿物释放膨胀量也在变慢。因此,膨胀量随时间减速增长。

第Ⅳ阶段为泥岩膨胀稳定阶段,泥岩不会无限吸水,当泥岩吸水量达到饱和状态时,尽管有外界水分补给,泥岩也不会再吸水膨胀。

综上所述,根据上覆荷载大小,泥岩吸水后的膨胀量会经历缓慢增长阶段、加速增长阶段、减速增长阶段和稳定阶段。加速增长阶段在泥岩整个吸水膨胀过程中所占比例最大,贡献膨胀量最多。上覆荷载越小,泥岩膨胀变形速度越快;上覆荷载越大,泥岩膨胀变形速度越慢。因此,对于实际高速铁路无砟轨道工程,由设计图纸可计算出路基自重,通过钻芯取样进一步得到泥岩地基在不同深度处含水率,在此基础上,可得到泥岩地基膨胀阶段,从而可预判出无砟轨道路基上拱变形潜势[1]。

此外,当泥岩厚度为80cm时,上覆荷载为30kPa时,泥岩吸水达到膨胀稳定后的膨胀量为7.31mm,而原位试验处的路堤自重施加给地基泥岩的荷载为25.15kPa,如果泥岩厚度大于80cm,则吸水达到膨胀稳定后,膨胀量应大于7.31mm,该膨胀值超过了高铁设计规范的4mm限值。高速铁路无砟轨道路基结构有路堤和路堑两种形式。标准的无砟轨道双线路堤结构自重施加给地基泥岩的荷载大约为90kPa,由现场原位试验可知,当上覆荷载由15kPa增加到30kPa时,泥岩膨胀量由8.78mm减小到7.31mm,减小了16.7%,即上覆荷载增加1倍时,膨胀量并非减小了50%。同理,当上覆荷载由45kPa增加到90kPa时,泥岩膨胀量由5.77mm大约减小到4.81mm,而该膨胀值超过了高铁设计规范4mm的限值,如果泥岩浸水厚度大于80cm,则产生膨胀值会远大于4.81mm。标准无砟轨道双线路堑结构自重施加给泥岩地基的荷载大约为10kPa,上覆荷载为15kPa时,泥岩吸水达到膨胀稳定后的膨胀量为8.78mm,仍然超过了高速铁路设计规范限值。当泥岩浸水厚度大于80cm时,产生的膨胀值会更大。因此,由现有《铁路工程特殊岩土勘察规程》(TB 10038—2022)判定的无膨胀性泥岩吸水后的整体膨胀性会使高速铁路无砟轨道路基发生上拱变形,且微膨胀泥岩地基对路堑结构的危害要远大于对路基结构的危害[2-4]。

6.2.2 泥岩地基湿度变化规律

1)浸水过程中泥岩地基横向湿度变化规律

浸水过程中泥岩地基横向湿度变化规律如图6-21所示。

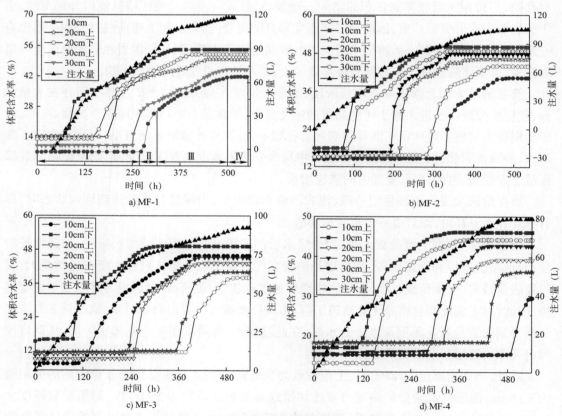

图6-21 泥岩地基横向湿度随时间变化规律

从图6-21可知,在不同上覆荷载下、泥岩地基横向不同距离处,体积含水率随时间变化均可划分为4个阶段。第Ⅰ阶段:稳定阶段,体积含水率随时间变化基本保持不变,这是由于前期水未渗透至相应水平距离处传感器,且没有其他外来水源补给,故该处泥岩体积含水率基本保持不变。第Ⅱ阶段:骤增阶段,体积含水率随时间变化增长较快,当水分入渗到湿度传感器时,由于湿度传感器对水分变化比较敏感,其读数会突然增大,再者,由于水分的不断补给,湿度传感器会不断感应到水分变化,故该阶段体积含水率随时间变化增长较快。第Ⅲ阶段:减速增长阶段,体积含水率随时间变化增长速度在逐渐减小,这是由于泥岩中黏土矿物颗粒吸水膨胀后不断挤密周围孔隙,致使渗透速率在逐渐减小,湿度传感器感应到水分变化速度会减慢,再者,水分会漫过湿度传感器继续向外围扩散。第Ⅳ阶段:渗透稳定阶段,体积含水率随时间变化趋于稳定状态,这是由于泥岩吸水达到其渗透稳定含水率时,其含水率将不再增大,故体积含水率随时间变化趋于稳定状态。

在相同上覆荷载下、泥岩地基同一横向位置处,下部土体渗透稳定含水率比上部要大,MF-2在10cm上渗透稳定体积含水率为48.75%,10cm下为50.01%,这是由于水分在渗透过程中,因自身重力作用总有向下运动的趋势,故下部位置处泥岩最先渗透到,所以同一横向位置处,下部土体渗透稳定含水率比上部要大。

在不同上覆荷载下、相同水平距离处,泥岩地基体积含水率随上覆荷载增大,最终达到稳定所需时间也随之延长,这是因为4个试验区域距离相差很小,可近似认为4个区域泥岩初始状态相似,随注水量增加,泥岩开始吸水变软,随上覆荷载的增加,变软后泥岩的密实度也在逐渐增大,导致泥岩渗透性逐渐减小,泥岩吸水越困难,在渗透稳定含水率相差较小时,泥岩达到稳定所需要时间越长。

2)浸水过程中泥岩地基竖向湿度变化规律

浸水过程中泥岩地基竖向湿度变化规律,如图6-22所示。

从图6-22可知,在不同上覆荷载下、泥岩地基竖向不同距离处体积含水率随时间变化均可划分为4个阶段。第Ⅰ阶段是稳定时期,因为水没有渗透到泥岩处,故湿度计没有变化。第Ⅱ阶段:快速增长阶段。由于初始状态泥岩含水率较低,吸力较大,当泥岩与水分接触时会迅速吸水。同时,湿度传感器对水分变化比较敏感,其读数会突然增大,故该阶段湿度计随时间变化增长较快。第Ⅲ阶段:减速增长阶段,由于泥岩吸水后其吸力会减小,吸水速度减慢。同时泥岩中黏土矿物吸水膨胀后不断挤密周围孔隙,致使泥岩渗透速率在逐渐减小,故该阶段湿度计随时间变化增长较慢。第Ⅳ阶段:渗透稳定阶段,这是由于泥岩吸水达到其饱和含水率时,将不再吸水,故湿度计随时间变化趋于稳定状态。

泥岩地基的水平位置湿度计(H1、H2、H3)在最终达到稳定状态时的值分别为49.17%、45.19%、40.15%,泥岩的竖直位置湿度计(S1、S2、S3)在最终达到稳定状态时的值分别为42.59%、37.43%、34.31%,即渗透距离越长,湿度计最终稳定后的值越小。这是由于浸水渗出点距湿度计距离越长,导致渗透路径较长,且在渗透路径上,泥岩遇水膨胀致孔隙通道缩小或堵塞,进而导致水分扩散速度减慢,因此渗透距离越长湿度计最终稳定后的值越小。

湿度计H1、H2、H3的最终稳定值分别比湿度计S1、S2、S3的最终稳定值要高,即在距离渗水通道相同位置处,水平湿度计的最终稳定值比竖直湿度计的最终稳定值要高。这是由于在上覆荷载和泥岩自重作用下,渗水通道下方泥岩密实度比其侧面泥岩密实度高,导致渗水通道下方泥岩渗透性比其侧面泥岩渗透性小,因此距离渗水通道相同位置处泥岩水平湿度比竖直湿度最终稳定值要高。

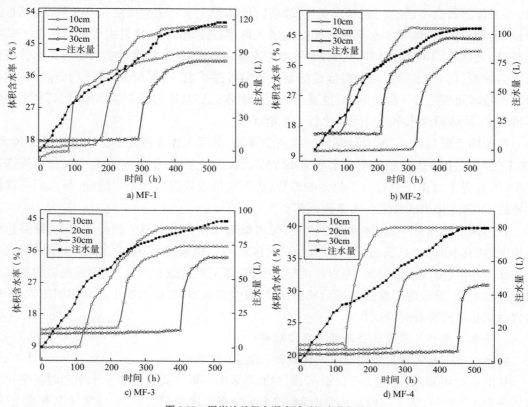

图6-22 泥岩地基竖向湿度随时间变化规律

3) 水平渗透速度与渗透距离关系

通过整理MF-1、MF-2、MF-3、MF-4基坑处泥岩不同横向距离下体积含水率和渗透时间,得出水平渗透速度与渗透距离关系曲线,如图6-23所示。

从图6-23可知,随着横向渗透距离的增大,渗透速度在逐渐变小,从0.1m变化到0.2m时,渗透速率大约减小了6%;从0.1m变化到0.3m时,渗透速率大约减小了20%;从0.2m变化到0.3m时,渗透速率大约减小了14%,因此横向渗透速率与横向渗透距离为非线性关系,且渗透距离越远,渗透速率衰减程度越大。

4) 上覆荷载对渗透性的影响

通过整理MF-1、MF-2、MF-3、MF-4基坑处泥岩不同横向距离下体积含水率和渗透时间,计算出不同上覆荷载下的横向渗透速率,如图6-24所示。

从图6-24可知,随着上覆荷载的增大,横向渗透速度在变小,且上覆荷载越大,渗透速度越小,这是因为泥岩渗透与膨胀是同时进行的,上覆荷载越大对泥岩膨胀抑制越强,进而使得泥岩更为密实,水分越难渗透,所以渗透速度会越小。

6 红层泥岩地基膨胀变形原位试验及红层泥岩高速铁路无砟轨道路基上拱机制

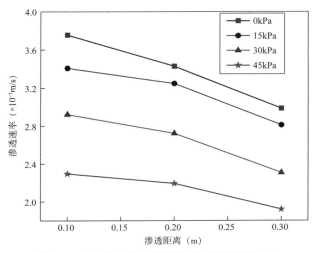

图 6-23 上覆荷载下水平渗透速度与渗透距离关系

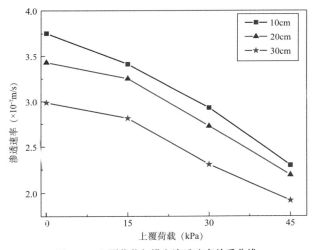

图 6-24 上覆荷载与横向渗透速率关系曲线

定义渗透速率随上覆荷载增大的横向相对衰减率 s_a 为：

$$s_a = (s_0 - s_\sigma)/s_0 \tag{6-1}$$

式中，s_a 为泥岩横向渗透速率相对衰减率；s_0 为无上覆荷载时横向渗透速率；s_σ 为有上覆荷载时横向渗透速率。

结合图 6-24 可求得不同上覆荷载下泥岩横向渗透速率的相对衰减率，见表 6-2。

不同上覆荷载下泥岩横向渗透速率相对衰减率　　表 6-2

上覆荷载	不同水平距离处相对衰减率(%)		
	10cm	20cm	30cm
0	0.00	0.00	0.00
15	9.22	5.25	5.89

续上表

上覆荷载	不同水平距离处相对衰减率(%)		
	10cm	20cm	30cm
30	22.11	20.59	22.83
45	38.84	36.07	35.79

图 6-24 为相对衰减率与上覆荷载关系,可知渗透速率的相对衰减率随上覆荷载增加呈递增变化趋势,根据图 6-25 中试验数据,拟合出相关系数为 0.986 的相对衰减率与上覆荷载关系计算公式如下:

$$s_a = 22.25 e^{\frac{\sigma + 5.19}{48.49}} - 25.4 \tag{6-2}$$

式中,σ 为上覆荷载。

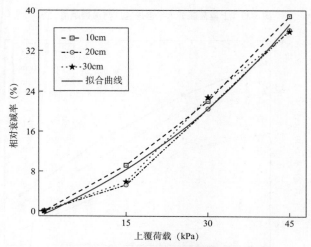

图 6-25　相对衰减率与上覆荷载的关系

综上分析可知,泥岩横向渗透速率随上覆荷载的增加在逐渐衰减,一般认为当地基表面膨胀变形为 0.0mm 时,相应的泥岩渗透速率也为 0.0%,渗透速率为 0.0% 时,其横向渗透速率相对衰减率为 100%,这对控制以上拱为主的高速铁路而言是有利的,即可确定泥岩地基浸水饱和后的临界上覆荷载。因此,以相对衰减率 100% 为控制标准确定高速铁路路基上拱的临界荷载,为高速铁路的设计提供了一种新的思路。

将式(6-2)代入式(6-1)可得:

$$s_\sigma = \left(26.4 - 22.25^{\frac{\sigma + 5.19}{48.49}}\right) s_0 \tag{6-3}$$

式中,s_σ 为上覆荷载 σ 时渗透速率;s_0 为泥岩原始状态渗透速率;σ 为泥岩所受上覆荷载。

从室内试验测出泥岩原始状态渗透系数 s_0,即可得到现场泥岩在任一上覆荷载下渗透系数。

6.2.3 泥岩地基膨胀量随上覆荷载变化规律

1）不同上覆荷载下膨胀量随时间变化规律

取3个位移测点的平均值,得到不同上覆荷载下膨胀量随时间变化规律,如图6-26所示。

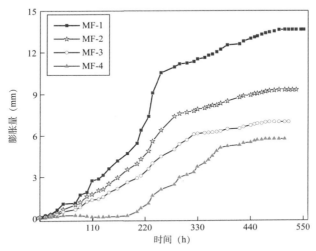

图6-26 不同上覆荷载下泥岩膨胀量随时间变化规律

MF-1在Ⅰ阶段平均膨胀速度为0.014mm/h,在第Ⅱ阶段平均膨胀速度为0.046mm/h;MF-2在Ⅰ阶段平均膨胀速度为0.012mm/h,在第Ⅱ阶段平均膨胀速度为0.032mm/h;MF-3在Ⅰ阶段平均膨胀速度为0.009mm/h,在第Ⅱ阶段平均膨胀速度为0.024mm/h;MF-4在Ⅰ阶段平均膨胀速度为0.002mm/h,在第Ⅱ阶段平均膨胀速度为0.028mm/h。因此,按照泥岩的平均膨胀速度,将泥岩的膨胀过程划分为膨胀缓慢增长阶段和膨胀快速增长阶段。MF-1、MF-2、MF-3和MF-4在第Ⅰ阶段(膨胀缓慢增长阶段)和第Ⅱ阶段(膨胀快速增长阶段)总共持续时间分别为281h、256h、297h、361h。前两个阶段占总膨胀时间的比例为54%、60.5%、68.8%、76.6%,释放膨胀量分别为10.55 mm、6.58 mm、5.72 mm、4.43mm,即随着上覆荷载增大,前两个阶段持续时间较长,而前两个阶段释放膨胀量占总膨胀量比例分别为77.2%、70.6%、81.7%、76.9%,故前两个阶段释放膨胀量占泥岩总膨胀量比例最大。因此,对泥岩膨胀量贡献最大的阶段随上覆荷载的增大持续时间延长。这是因为当荷载由0kPa增加到15kPa时,MF-2前两个阶段膨胀量相比于MF-1前两个阶段膨胀量减小了62.7%,如果MF-2与MF-1前两个阶段膨胀变形速率相同时,则MF-2达到MF-1的62.7%膨胀量所需对应时间也应为MF-1的62.7%,但MF-1和MF-2前两个阶段膨胀变形速率为0.0375mm/h和0.0218mm/h,即MF-2前两个阶段的膨胀变形速率相比MF-1前两个阶段的膨胀变形速率减小了58.1%,因此MF-2达到MF-1的62.7%膨胀量所需的时间为MF-1的107.9%,故占泥岩总膨胀量最大的阶段随上覆荷载的增大持续时间延长,同理可得MF-3和MF-4。

2）膨胀量与上覆荷载关系

通过整理MF-1、MF-2、MF-3和MF-4试验过程,得到在注水量相同时,不同上覆荷载下4

个试验区域泥岩的膨胀量,如图6-27所示。

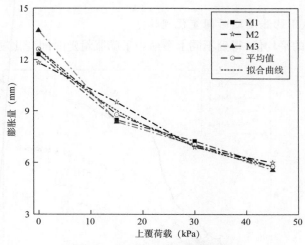

图6-27 泥岩膨胀量与上覆荷载关系

从图6-27可知,在浸水量一定情况下,即膨胀能一定的情况下,上覆荷载越小,膨胀泥岩膨胀变形越大[5]。取每个试验区域3个位移测点的平均值作为该试验区域的最终膨胀值,得出在上覆荷载为0kPa、15kPa、30kPa、45kPa下,泥岩的膨胀量分别为12.61mm、8.78mm、7.04mm、5.77mm。根据图6-27的试验数据,利用最小二乘法对试验数据进行拟合,拟合出相关系数为0.976的膨胀变形量与上覆荷载关系规律的计算公式如下:

$$\delta_s = \frac{1}{0.08 + 3.58 \times 10^{-4} \sigma^{1.5}} \tag{6-4}$$

式中,δ_s 为泥岩地基的膨胀量(mm);σ 为泥岩所受的上覆荷载(kPa)。

6.2.4 泥岩地基膨胀量随浸水量变化规律

通过整理MF-1、MF-2、MF-3和MF-4试验过程,得到泥岩地基膨胀量随浸水量变化规律,如图6-28所示。

从图6-28可知,MF-1、MF-2、MF-3和MF-4的泥岩膨胀量与浸水量关系都呈现先快速增长、后缓慢增长趋势。在快速增长阶段,MF-1、MF-2、MF-3和MF-4的浸水量分别为30L、50L、55L、60L,释放的膨胀量分别为9.8mm、7.93mm、6.27mm、5.26mm。在此阶段,4个试验区域浸水量占总浸水量比例分别为25.53%、47.66%、58.24%、75.24%,膨胀量占峰值膨胀量比例分别为71.53%、80.84%、83.49%、91.16%。在缓慢增长阶段,MF-1、MF-2、MF-3和MF-4浸水量分别为90L、60L、35L、20L,释放膨胀量分别为3.9mm、1.88mm、1.24mm、0.51mm。在此阶段,4个试验区域浸水量占总浸水量比例分别为74.47%、52.34%、41.76%、24.76%,膨胀量占峰值膨胀量比例分别为28.47%、19.16%、16.51%、8.84%。因此,在快速增长阶段,浸水量占总浸水量比例与膨胀量占峰值膨胀量比例呈正相关关系,且释放膨胀量占峰值膨胀量比例超过了70%。在缓慢增长阶段,浸水量占总浸水量比例与膨胀量占峰值膨胀量比例呈负相关关系,且释放膨胀量占峰值膨胀量比例低于30%。

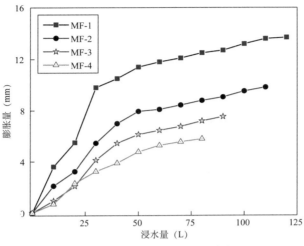

图6-28 泥岩膨胀量与浸水量关系

此外,MF-1、MF-2、MF-3和MF-4膨胀稳定后的总浸水量分别为117.52L、104.92L、94.43L、79.74L,即随着上覆荷载的增大,地基泥岩膨胀稳定后浸水量在减小,进一步得到了在相同厚度下,地基泥岩吸水量与上覆荷载的关系,如图6-29所示。

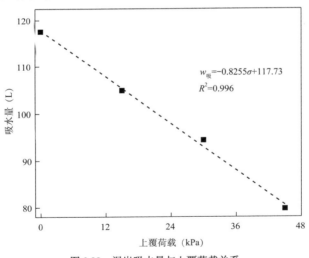

图6-29 泥岩吸水量与上覆荷载关系

从图6-29可知,上覆荷载越大,泥岩吸水量越小,上覆荷载越小,吸水量越大。

6.3 红层泥岩地区高速铁路无砟轨道路堤上拱机制

6.3.1 高速铁路无砟轨道路堤上拱内因

1)基底泥岩的黏土矿物

路基上拱区段基底岩层以泥岩为主,夹透镜状砂层或砾石层。泥岩中主要的矿物成分是黏土矿物和碎屑矿物。黏土矿物由亲水性极强的蒙脱石和中等亲水性矿物伊利石构成,其次是高岭石、绿泥石和蛭石等,构成泥岩的细粒部分。碎屑矿物中大部分为石英、云母和斜长石,其次是方解石和石膏等矿物,构成泥岩的粗粒部分。黏土矿物多为晶层结构,如图6-30所示(蒙脱石为例)。蒙脱石多为弯曲、卷曲薄片状,形状较为完整;高岭石为层叠状,片体较蒙脱石更厚,形状规则;伊利石则形状单薄且不规则,在显微镜下类似碎屑云母。黏土矿物晶格扩张理论认为,黏土矿物晶层中存在着极易水化的阳离子,且这些阳离子具有很强的层间负电荷平衡能力。随着阳离子水化,水分子进入晶层间,这些水分子吸附在黏土矿物晶体上,使晶层间距增加,引起晶格扩张,从而产生膨胀。双电层理论认为,黏土颗粒表面存在一定负电荷,孔隙水溶液在静电作用下产生吸力,将水中阳离子吸至黏土颗粒表面。黏土矿物颗粒表面本就带有负电荷,吸附的水化阳离子层与原有的负电荷层堆叠形成双电层[6-7]。双电层内的离子能够吸附渗入土体颗粒的水分子,被吸附的水分子在电场力作用下定向排列在黏土矿物颗粒表面,形成一种结合水(水化膜)。结合水扩散使土壤颗粒之间的距离增加,导致泥岩膨胀[8]。因此,泥岩中含有蒙脱石、伊利石、高岭石及其混层黏土矿物是其具有膨胀性的原因之一。

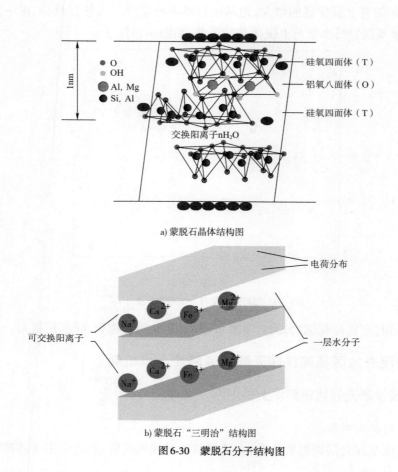

a) 蒙脱石晶体结构图

b) 蒙脱石"三明治"结构图

图6-30 蒙脱石分子结构图

2)基底泥岩的微观结构

从泥岩扫描电镜试验结果可知,泥岩胶结类型为基质胶结,即泥岩中非膨胀性矿物颗粒彼此不接触,被膨胀性黏土基质包裹,颗粒间的连接为黏土矿物的胶结作用。由于历史成岩作用的差异,颗粒间的相互作用并不完全一致,有强有弱。定义颗粒间的相互作用为"键"(包括晶体键的化学键以及颗粒间的胶结连接),"键"的多少代表相互作用的强弱。干燥条件下泥岩结构示意图如图6-31所示。黏土矿物与非膨胀性矿物之间以及黏土矿物与黏土矿物之间的"键"有多有少,代表矿物之间的相互作用有强有弱。这些"键"的共同作用构成泥岩的结构强度[9]。

从泥岩核磁共振和压汞试验结果可知,泥岩中存在大量连通孔隙,这些孔隙为水分入渗提供了良好通道。当泥岩遇水后,水分通过孔隙浸入泥岩内部,黏土基质吸水,该吸水过程会产生劈裂压力,进而破坏颗粒之间的相互作用,使其结构发生变化,如图6-32所示。原有颗粒间较弱的相互作用因抵抗不住劈裂压力而被破坏。低结构强度泥岩遇水后,黏土矿物吸水,产生劈裂压力,能够破坏颗粒间的相互作用,使黏土颗粒之间以及黏土颗粒与非膨胀性矿物颗粒分离。颗粒间的相互分离,一方面为水分迁移提供了内部通道,另一方面分离后的黏土颗粒吸附水分子在其表面形成水膜,导致体积膨胀。高结构强度泥岩内部颗粒间的相互作用强,劈裂压力不能完全破坏其颗粒间的连接,因此部分黏土颗粒虽然吸水产生水膜,但由于颗粒间的相互作用,水膜厚度小,故高结构强度泥岩吸水产生的体积膨胀就小。因此,泥岩的微观结构强度以及孔结构是其具有膨胀性的另一个原因。

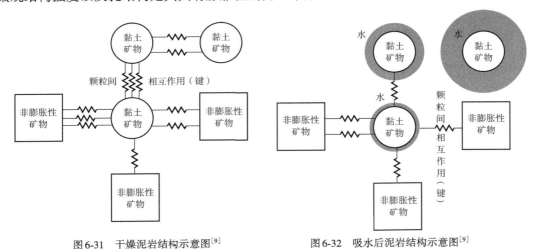

图6-31 干燥泥岩结构示意图[9]　　　图6-32 吸水后泥岩结构示意图[9]

6.3.2 高速铁路无砟轨道路堤上拱外因

1)基底泥岩的水文条件

从路基上拱地段的基底钻芯取样可知,基底存在砂层或砾石层,由于砂层或砾石层的结构疏松,为地下水的渗流提供了天然通道。西部某客运专线位于天山山脉南边,天山山脉的平均海拔在3000m以上。由于山脉影响,客运专线线路的北侧地势高,南侧地势低。在夏季高温作用下,天山山脉海拔较低处积雪融化,雪水下渗,水分通过砂层或砾石层等天然渗流通道由北向南穿越客运专线线路,导致客运专线基底泥岩地下水富集。此外,由于地势影响,降雨等地表水的径流也会由北向南穿越客运专线。因此,地下水和降雨为基底泥岩提供了持续不断的水源,从而为基底泥岩膨胀,甚至路基上拱提供了潜在的基础。

2) 基底泥岩的厚度

从原状泥岩室内膨胀变形试验可知,泥岩厚度对其膨胀量影响较大,泥岩膨胀量随厚度增加在逐渐增大。同时,从泥岩地基原位试验可知,当泥岩厚度为80cm,且上覆荷载为30kPa时,泥岩地基吸水膨胀达到稳定后的膨胀量为7.31mm,而原位试验处的路堤自重施加给泥岩地基的荷载为25.15kPa,如果泥岩厚度大于80cm,则吸水达到膨胀稳定后膨胀量应大于7.31mm,该膨胀值已超过了高铁设计规范的4mm限值。此外,红层是岩石圈表层分布最广、厚度最大的沉积地层之一,其埋深从几米到数百米不等。因此,路基基底泥岩层的厚度也是影响路基上拱的主要原因之一[2]。

6.4 红层泥岩地区高速铁路无砟轨道路堑上拱机制

6.4.1 高速铁路无砟轨道路堑上拱内因

泥岩中含有蒙脱石、伊利石、高岭石及其混层黏土矿物是其具有膨胀性的本质,而泥岩的微观结构强度以及孔结构是其膨胀性进一步发展的根本原因。因此,高速铁路无砟轨道路堑基底含有泥岩层是其上拱的内因。这两方面的原因前文中已分析,在此不再赘述。

6.4.2 高速铁路无砟轨道路堑上拱外因

高速铁路无砟轨道路堑上拱的外因主要有基底泥岩的水文条件、基底泥岩的厚度、路堑边坡侧向供水以及基底泥岩卸荷。基底泥岩的水文条件和基底泥岩厚度两方面的原因前文中已分析,本节主要阐述引起高速铁路无砟轨道路堑上拱的另外两个原因:路堑边坡侧向供水和基底泥岩卸荷。

1) 路堑边坡侧向供水

西部某客运专线开挖路堑的边坡出现渗水现象,如图6-33所示。这是因为客运专线线路的北侧地势高,南侧地势低。夏季雪水通过砂层或砾石层等天然渗流通道由北向南穿越客运专线线路。同时,降雨等地表水的径流也会由北向南流动穿越客运专线。当地下水和地表水的渗流通由于开挖被破坏时,水在自重作用下会下渗,进而与地基泥岩接触,导致基底泥岩吸水膨胀,从而引起路堑上拱,如图6-34所示。因此,路堑边坡侧向供水是导致高速铁路无砟轨道路堑上拱的第三种原因[2]。

图6-33 路堑边坡渗水现场图

6 红层泥岩地基膨胀变形原位试验及红层泥岩高速铁路无砟轨道路基上拱机制

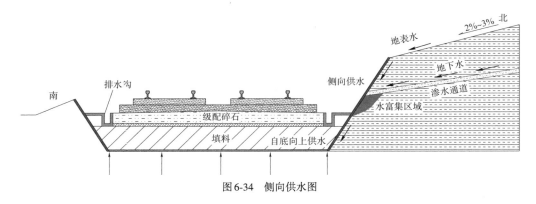

图6-34 侧向供水图

2）基底泥岩卸荷

由于开挖卸载，开挖面底部泥岩相当于卸载，导致地基内部应力场发生变化，产生应力松弛，应力松弛促使基底泥岩的孔隙扩展、变形以及贯通，孔隙的发展为水分运移与渗透提供了良好通道，进而促使基底泥岩吸水膨胀；同时，开挖使开挖面底部泥岩上覆荷载减小，泥岩地基产生回弹变形，从而使路堑上拱。因此，基底泥岩卸荷是导致高速铁路无砟轨道路堑上拱的第四种原因。

本章参考文献

[1] 薛彦瑾, 王起才, 马丽娜, 等. 高速铁路泥岩地基原位浸水响应特征试验研究[J]. 铁道学报, 2020, 42(10): 144-150.

[2] XUE Y J, WANG Q C, MA L N, et al. Mechanisms and controlling factors of heave in summer for high-speed railway cutting: A case study of Northwest China[J].Construction and Building Materials, 2023, 365: 130061.

[3] 马丽娜, 梁东方, 王起才, 等. 高速铁路地基膨胀泥岩吸力特性及计算模型研究[J]. 铁道学报, 2022, 44(11): 88-94.

[4] XUE Y J, WANG Q C, MA L N, et al. Calculation model of heaving amount on embankments using multi-factor coupling of low swell potential mudstone as foundation for high-speed railways[J]. Transportation Geotechnics, 2023,38: 100924.

[5] 马丽娜, 严松宏, 王起才, 等. 客运专线无砟轨道泥岩地基原位浸水膨胀变形试验[J]. 岩石力学与工程学报, 2015, 34(8): 1684-1691.

[6] 谭罗荣, 孔令伟. 膨胀土膨胀特性的变化规律研究[J]. 岩土力学, 2004, 25(10): 1555-1559.

[7] 高国瑞. 近代土质学[M]. 北京: 科学出版社, 2013.

[8] 王保田, 张福海. 膨胀土的改良技术与工程应用[M]. 北京: 科学出版社, 2008.

[9] 刘景宇. 泥岩膨胀机制及其发展规律研究[D]. 北京:中国铁道科学研究院, 2019.

7 结论与展望

7.1 结论

随着国家"交通强国"政策引导及"一带一路"倡议的实施,我国多条已投入运营和正在建设的高速铁路线路均位于红层泥岩地基之上,未来我国高速铁路遭遇红层泥岩地基膨胀引起路基上拱的危险性和可能性极大。为弥补红层泥岩微膨胀变形机理以及红层泥岩地区高速铁路无砟轨道路基上拱机制研究的不足,本书通过室内试验、现场试验、理论分析等方法,对西北红层泥岩的微观结构、膨胀性定量评定方法、膨胀变形影响规律、非饱和渗透系数及红层泥岩地基的整体膨胀变形特性进行了深入研究,得到以下结论:

(1)西北红层泥岩骨架颗粒以凝块和集粒为主,颗粒与颗粒之间接触方式为面面接触,粒径在 $1\sim10\mu m$ 之间的颗粒大约占总土颗粒的90%,且膨胀性和含水率均会影响颗粒粒径的变化。孔径分布比例较大孔径区间主要是 $10\sim100\mu m$,最高占比超过70%,而孔径分布在 $0.1\sim0.5\mu m$、$0.5\sim1\mu m$、$1\sim5\mu m$、$5\sim10\mu m$ 区间内占比较小,孔隙度随含水率的下降速率与膨胀性密切相关。

(2)选取了等效蒙脱石含量、自由膨胀率、阳离子交换量和液限作为西北红层泥岩膨胀潜势的判别指标,建立了红层泥岩膨胀潜势的定量评价方法,克服了同一试样在采用不同膨胀指标时膨胀潜势不统一的缺陷,实现了对红层泥岩膨胀性的量化评定。

(3)红层泥岩的膨胀变形量受吸水率、上覆荷载、干密度和厚度的影响,泥岩吸水后经历了快速膨胀阶段、减速膨胀阶段和稳定阶段。获得了原状、重塑泥岩的膨胀量与吸水率、上覆荷载、干密度和厚度之间的量化关系,明晰了西北红层泥岩的微膨胀变形机理。

(4)重塑红层泥岩的基质吸力随含水率增大在逐渐减小,进气值与残余基质吸力随初始干密度增大在逐渐增大,进而构建了重塑红层泥岩的土-水特征曲线模型。获得了泥岩埋深和初始干密度对其非饱和渗透特性的影响规律,建立了重塑泥岩非饱和渗透系数预测模型,量化分析了土质类型、初始干密度和饱水方式对饱和/非饱和渗透系数的影响程度。

(5)西部红层泥岩地基浸水后也经历了膨胀缓慢增长阶段、快速增长阶段、减速增长阶段和稳定阶段,其中快速增长阶段的膨胀量约占总膨胀量的70%。厚度为80cm,上覆荷载为0kPa、15kPa、30kPa、45kPa下,红层泥岩地基吸水后的整体膨胀变形量均超过了高铁设计规范要求的4mm限值,故现有规范判定的无或弱红层泥岩会引起高速铁路无砟轨道路基的上拱变形。

7.2 展望

红层泥岩引起的高速铁路无砟轨道路基上拱是目前高速铁路建设过程中遇到的一个新问题。本书也仅初步探讨了红层泥岩地区高速铁路无砟轨道路基上拱的机制,而路基上拱的原因是多方面的,如现场的水文、地质、气候等均会对路基上拱造成的影响,因此,对以上因素进一步研究可深入揭示高速铁路路基上拱的机理。此外,研究表明,路基冻胀上拱的线型近似为余弦波,路基上拱的波形仍是一个重要的研究方向。同时,路基上拱对轨道板、支撑层、钢轨等造成的损伤以及不同上拱情况下对列车高速运行造成的影响仍需进一步研究。